리투아니아
라트비아
에스토니아

일러두기

한글 및 외래어 표기는 국립국어연구소 표기 및 외래어 표기법을 기준으로 했습니다. 단 상호명과 브랜드명, 지명, 인명 등 고유명사의 한글 표기는 현지 발음에 가깝게 표기 했습니다.

초판 1쇄 발행 2013년 09월 10일
2쇄 발행 2015년 08월 14일
글과 사진_ 방지연
디자인_ 방지연
교정교열_ 최성덕

펴낸곳_ 일삼공
등록번호_ 제 313_2010_134호 등록날짜 2010년 05월 01일
주소_ 서울특별시 마포구 서교동 484-23번지 2층
전화_ 02_338_8130
팩스_ 0505_115_8130
판매가_ 12800원
블로그_ blog.naver.com/ins4
이메일_ mrk9805@naver.com

ISBN_ 978 89 964525 5 3 13980

북유럽과 동유럽 사이

발트 여행 노트

방지연 지음

여행의 시작

발트 3국에 다녀왔습니다, 라고 아는 이들에게 인사를 하니 '거기가 어디야?' '왜 그런 구석에 다녀왔어?' 라는 말이 돌아왔다. 핀란드라면 대강의 위치라도 떠올릴 테지만, 리투아니아를 이야기하니 대부분 눈을 동그랗게 뜨고 얼굴에 물음표를 그렸다.

북동유럽에 위치한 에스토니아, 라트비아, 리투아니아 이렇게 세 나라를 발트 3국이라고 한다. 핀란드의 수도 헬싱키에서 1시간 반 정도 배를 타면 에스토니아의 수도 탈린에 다다른다. 주변의 강대국에 둘러싸인 탓에 발트 3국은 여러 나라의 식민지를 거쳤으며 1991년 구소련에서 독립해 지금은 유럽연합에 속해있다.

독립한지 20년 남짓 되는 발트 3국에 관심이 생긴 것은 리넨을 좋아하게 된 즈음이었다. 도쿄 시모키타자와에 있는 리넨 전문점 포그fog를 알게 되면서 리투아니아란 나라의 이름을 처음 들었다. 그 뒤로 리투아니아를 생각하면 포그가, 그리고 자연스레 리넨이 떠올랐다. 사진으로 본 발트 3국에는 북유럽과 동유럽이 섞여 있는 듯한 풍경과 손으로 뜬 미튼*과 나무로 만든 바구니 등의 수공예품이 가득했다. 리넨과 수공예품을 찾아 그렇게 여행은 시작됐다.

*미튼(mitten) : 실로 뜬 벙어리 장갑

목차

Eesti

Baltic States Map

발트 3국은 발트 해와 접해 있는 에스토니아, 라트비아, 리투아니아 세 나라를 말한다. 1991년에 구소련에서 독립해 유럽연합에 속해 있고 러시아의 옆, 북유럽과 동유럽 사이에 위치해 있다. 세계지도를 펼쳐 찾아보면 콩알보다 작고 유럽의 다른 나라에 비해 존재감도 덜하지만 여러 나라의 식민지를 겪으면서도 각자 전통을 지키며 고유의 언어를 사용하고 있다. 발트 3국 안에서의 이동은 버스를 이용하면 편리하다. 버스로 4~5시간이면 각 나라의 수도에 다다른다.

Eesti

에스토니아는 발트 3국 중 가장 북쪽에 위치해 있고 면적이 가장 작다. 국토의 절반이 숲이어서 에코의 나라로 불린다. 핀란드와 마주보고 있어 발트 3국 여행의 시작점으로 잡는 사람이 많다. 발트 3국 중 가장 먼저 유로화를 사용한 나라이고 수도인 탈린은 관광객이 가장 많은 도시이다.

Latvija

라트비아는 발트 3국의 중앙에 위치해 있고 리투아니아보다 약간 작은 면적에 산이 없는 평탄한 국토를 가지고 있다. 수도 리가는 해안가를 따라 U자 형으로 들어가 있는 항구도시로 전체 인구의 1/3 정도가 모여 살며 발트 3국 중에서도 가장 큰 대도시다. 동서를 가로지르는 다우가바daugava 강과 피르세타스 운하Pilsētas kanāls 사이가 구시가, 그 너머의 동쪽은 신시가이다. 리가의 구시가는 독일의 식민지였던 시대에 도시의 기초가 만들어져 중세 독일의 상업 도시의 특징이 많이 남아 있다.

Lietuva

리투아니아는 발트 3국 중 가장 큰 국토를 가진 나라로 우리나라의 약 3분의 2정도의 크기다. 국토의 약 70%가 농지이며, 나머지는 숲과 크고 작은 4000개의 호수로 이루어져 있다. 수도 빌뉴스의 구시가는 길이 여러 갈래로 나뉘어 있어 헤매기 쉽다. 가장 아래쪽에 있어선지 탈린과 리가의 구시가와 비교해 거리에서 마주친 관광객의 수가 적었다.

Travel Information

◆ 발트 3국 항공편

우리나라에서 발트 3국으로 가는 직항편은 없다. 유럽의 항공편으로 유럽 도시를 경유해 발트 3국의 수도인 빌뉴스, 리가, 탈린으로 들어갈 수 있다.

FINNAIR www.finnair.com 핀에어는 핀란드 항공사로 헬싱키를 경유해 탈린, 리가, 빌뉴스로 들어갈 수 있다. 가장 빠른 시간에 발트 3국에 도착할 수 있다.
KLM www.klm.com 네덜란드의 국영 항공사로 암스테르담 또는 파리를 경유한다.
Lufthansa www.lufthansa.com 루프트한자는 독일의 항공사로 프랑크푸르트와 뮌헨을 경유한다.
SAS www.flysas.com 스칸디나비아 항공은 북유럽(노르웨이, 스웨덴, 덴마크) 세 나라의 연합으로 구성된 항공사이다. 우리나라에는 운항을 하지 않아 두 번 경유해야 한다. 도쿄 또는 베이징에서 출발하는 비행기를 타고 코펜하겐을 경유해 탈린, 리가, 빌뉴스로 들어갈 수 있다.

◆ 발트 3국에서 이동

발트 3국 안에서는 비행기, 열차, 버스, 배편을 이용할 수 있다. 세 나라를 합쳐도 면적이 한반도보다 작아 나라 간의 이동이 도시 간처럼 느껴지는 거리다. 운행편수가 많은 버스를 이용하면 가장 편리하며 수도에서 수도까지 버스로 약 4–5시간 정도 걸린다. 각 도시의 버스터미널에서 출발하고 티켓은 인터넷 또는 버스터미널의 창구에서 구입할 수 있다.

에스토니아 철도 www.edel.ee
라트비아 철도 www.ldz.lv
리투아니아 철도 www.litrail.lt

에스토니아 버스 www.tpilet.ee
라트비아 버스 www.autoosta.lv
리투아니아 버스 www.autobusubilietai.lt

국제버스회사
발트 3국과 동유럽, 서유럽의 나라로 이동할 수 있다. 웹사이트에서 시간표와 가격 조회 및 예약이 가능하다.

Eurolines www.eurolines.com
Ecolines www.ecolines.net

◆ 북유럽에서 발트 3국으로 가는 배편

헬싱키에서 탈린

헬싱키에서 탈린까지의 거리는 약 85km로 고속선을 타면 1시간 30분 정도 걸린다. 여름에는 10편 이상의 고속선과 페리가 함께 운항되고 있다.

고속선(3월에서 12월까지만 운항)

Linda Line Express www.lindaline.fi

헬싱키의 남항에서 출발해 약 1시간 30분 정도 걸린다. 탈린의 시민홀항(Linnahallsadam)에 도착한다. 매일 5~6편 운항.

Star/Superstar www.tallink.com

헬싱키의 서항에서 출발해 약 2시간 정도 걸린다. 탈린의 탈린항(Reisisadam)에 도착한다. 매일 4~5편 운항.

페리

Tallink www.tallink.com

헬싱키의 서항에서 출발해 약 3시간 30분 정도 걸린다. 탈린의 탈린항(Reisisadam)에 도착한다. 매일 2~3편 운항.

Eckerö Line www.eckeroline.ee

헬싱키의 서항에서 출발해 약 3시간 30분 정도 걸린다. 탈린의 탈린항(Reisisadam)에 도착한다. 매일 1~2편 운항.

Viking Line www.vikingline.fi

헬싱키의 카타야녹카항에서 출발해 약 2시간 30분 정도 걸린다. 탈린의 탈린항(Reisisadam)에 도착한다. 매일 2편 운항.

스톡홀름에서 탈린

Tallink www.tallink.com

스톡홀름의 Värtahamnen항에서 매일 17시 45분에 출발해 다음날 10시에 탈린의 탈린항(Reisisadam)에 도착한다. 매일 1편이 운항되고 약 16시간이 걸린다.

스톡홀름에서 리가

Tallink www.tallink.com

스톡홀름의 Frihamnen항에서 매일 17시에 출발해 다음날 11시에 리가의 리가항(Rigas Pasažieru osta)에 도착한다. 매일 1편이 운항되고 약 12시간이 걸린다.

Lietuva

리투아니아

Lietuva

◆ 리투아니아 안내

정식국명 리투아니아 공화국 Lietuvos Respublika(리에투보스 레스푸블리카)
면적 65,300㎢
인구 약 296만명(2013년)
수도 빌뉴스(인구 약 55만명)
국제전화 +370
시차 7시간. 한국시간에서 7시간을 빼면 된다.
서머타임(3월 마지막 주 일요일부터 10월 마지막 주 일요일까지) 때는 6시간의 시차가 난다.
비자 관광목적의 경우는 비자 없이 6개월 내에 90일 이내로 체류가 가능하다.

◆ 통화

유로(EUR)
2015년 부터 공식화폐가 리타스(Litas_Lt)에서 유로로 바뀌었다.
유로를 환전해 가는 것이 편리하다.
환전시 은행마다 수수료의 차이가 있고 공항보다는 시내에 있는 환전소를 추천한다.

◆ 언어

공용어는 리투아니아어(Lietuviškai)

안녕	**Labas**	라바스
아침인사	**Labas rytas**	라바스 리타스
점심인사	**Laba diena**	라바 디에나
저녁인사	**Labas vakaras**	라바스 바카라스
안녕히 가세요	**Viso gero**	비소 게로
네/아니오	**Taip/Ne**	태입/네
감사합니다	**Ačiū**	아츄
죄송합니다	**Atsiprašau**	아찌프라셔우

◆ 빌뉴스 도착

비행기로 도착

빌뉴스 국제 공항은 시내에서 약 7km 정도 떨어져 있다. 시내로 들어가는 교통편은 철도, 버스, 택시가 있다.

철도 공항의 정면 출입구로 나와 약 200m 정도 직진한다. 왼쪽에 철도역의 표지판이 보이면 엘리베이터를 타고 내려간다. 1시간에 1~2대가 운행되고 요금은 기차를 탄 다음 지불하면 된다. 요금은 2.50Lt.

버스 공항에서 나오면 오른편에 버스정류장이 있다. 1번 버스는 기차 중앙역이 종점으로 1시간에 약 1대가 운행된다. 2번 버스는 시내 중심에서 교외까지 이동할 수 있다. 1시간에 2~4대가 운행된다. 티켓은 2Lt로 공항 1층에 있는 키오스크에서 구입 가능하며 차내에서 구입하면 2.50Lt.

택시 현지인들은 콜택시를 이용한다. 기본요금은 2~4Lt, 1km에 1.25~2Lt.

빌뉴스 국제 공항

Vilniaus Oro Uostas
Open 24h
Rodūnios kelias 2, Vilnius
(+370)52306666
www.vilnius-airport.lt

기차와 버스로 도착

기차 중앙역과 버스터미널은 구시가의 남쪽에 위치해 있다. 길을 건너면 바로 구시가로 가는 길이 나온다.

기차 중앙역

Geležinkelio stotis
Open 24h
Geležinkelio gatvė 16, Vilnius
(+370)2626947
www.litrail.lt

버스터미널

Autobusų Stotis
Open 4-24
Sodų gatvė 22, Vilnius
(+370)1661
www.toks.lt

Vilnius

시작은 리투아니아의 수도, 빌뉴스

발트 3국의 가장 아래 위치한 나라 리투아니아. 리투아니아의 수도 빌뉴스를 여행의 시작점으로 잡았다. 한국에서는 직항으로 가는 항공편이 없어 유럽을 경유해 들어가야 한다. 스칸디나비아 항공을 타고 코펜하겐을 경유해 빌뉴스로 향했다. 도착 예정시간은 밤 11시. 작은 규모의 공항은 밤의 기운을 더해 한없이 고요했다. 공항에서 1분 거리에 떨어진 호텔에서 숙박을 하고 다음날 시내로 들어갔다. 공항에서 시내로 들어가는 방법 중 기차를 택했다. 기차라고는 하지만 한 량으로 된 작은 전차로 시내까지는 7분 정도 걸린다. 공항의 규모가 작고 뜨고 내리는 비행기도 적어 시내로 가는 기차의 배차간격도 한 시간이나 된다. 티켓은 기차에 탄 후 역무원에게 끊으면 된다. 기다린 시간이 무색할 만큼 기차의 속도는 한없이 느렸다.

기차가 도착한 곳은 빌뉴스의 중앙역. 먼저 눈에 띈 것은 위로 전기선이 연결된 트롤리버스와 신호등이 없는 횡단보도였다. 길을 건너는 유난히 발목이 두꺼운 아주머니들을 보니 더 낯설게 느껴졌다. 5월말이지만 생각했던 것보다 더 쌀쌀한 날씨와 함께 여행이 시작됐다.

빌뉴스 관광안내소

빌뉴스 기차 중앙역에 있는 안내소로 버스터미널에서도
길만 건너면 되는 가까운 위치에 있다.

Open 9-21
Rodūnios kelias 2-1, LT-02189
(+370) 52306841
www.vilnius-tourism.lt

빌뉴스 지도

시내교통

빌뉴스 시내의 교통은 트롤리버스와 일반버스가 공영으로 운영되고 있다. 티켓은 공통으로 차내와 키오스크에서 구입할 수 있으며 운행시간은 5시부터 심야 24시 전까지다.
빌뉴스 시내교통 www.vilniusticket.lt

종이 티켓 차내에서만 구입할 수 있고 1회권 3.5Lt.
전자 티켓 Vilniecio kortele(빌녀우스 코르텔레)는 키오스크와 신문가판대에서 구입할 수 있고, 30분 2.20Lt, 60분 3.20Lt, 1일 12Lt, 3일 21Lt 등의 티켓으로 충전할 수 있다.

Troleibusu 트롤리버스 1번에서 20번까지 19개의 노선이 있다.
Autobusas 버스 버스와 미니밴이 비슷한 노선으로 다닌다. 약 50개의 노선이 있다.
Taksi 택시 현지인들은 콜택시를 이용한다. 기본요금은 2~4Lt, 1km에 1.25~2Lt.

여름의 시작을 알리는 축제, 울려라! 캉클레이

Skamba, Skamba, Kankliai

스캄바, 스캄바, 캉클레이

캉클레이는 흥겨운 노래와 춤의 축제로 5월 마지막 주말에 열린다. 아침부터 마을의 곳곳에서는 포크댄스를 추며 축제의 시작을 알렸다. 구시가에 가까워지자 연주와 노래 소리가 점점 크게 들려왔다. 광장에 마련된 무대에는 전통의상을 입은 사람들이 하나 둘 모여 아이부터 어른까지 악기를 연주하고 노래를 부르며 춤을 췄다. 언어는 통하지 않아도, 연주의 리듬과 활기찬 율동에 함께 들썩이게 된다. 가장 먼저 눈에 띈 것은 빨간 리본으로 빵을

매달아 장식한 나무이다. 리투아니아의 전통 빵으로 손바닥보다 작은 크기의 도넛 모양 빵을 수십 개씩 실에 매달아 목걸이처럼 걸어 놓고 판매한다. 마침 하나씩 나눠주는 행사를 하고 있어, 반가운 마음으로 건네어 받았다.

무대를 지나자 테이블이 길게 놓여있고, 양 옆으로는 리투아니아의 전통 음식을 파는 먹거리 시장이 펼쳐졌다. 낮부터 테이블은 맥주와 음식을 먹는 사람들로 북적거렸다.

또 하나의 즐거움은 수공예품으로 광장에는 도자기, 전통 의상, 나무로 만든 커트러리, 바구니, 미튼을 파는 시장이 열린다. 전통 의상을 입은 사람들을 보는 즐거움도 크고, 직접 만들어 가지고 나온 수공예품은 일반 가게에서보다 좀 더 저렴하게 구입할 수 있다. 축제가 열리는 주말 내내, 구시가에서는 노래와 춤이 끊이지 않고 계속되었다.

스캄바 캉클레이 국제 민속 축제로 5월 마지막 주말에 열리며 수공예품 시장도 함께 열린다. 목공예품, 니트로 짠 미튼, 바구니, 전통 의상, 실로 엮어 만든 장식품 등이 전시, 판매된다. 장인들의 공예품을 만드는 과정도 함께 소개한다.

MIKUCKIS
GENADIJUS

(1)

(2)

(3)

(4)

(5)

(6)

(7)

축제에서 구입한 수공예품
(1) (2) 어린이와 어른용 미튼 (3) 설탕으로 만든 버섯 모양의 전통 과자
(4) 버섯 모양의 호두까기 (5) 나무로 만든 스푼과 버터나이프 (6) 나무로 만든 부엉이 피리
(7) 리투아니아의 전통 의상을 입고 축제를 즐기는 사람들

구시가의 리넨 가게

Lino Namai

리노 나마이

리투아니아에서 가장 오래된 리넨 생산업체인 시울라스 siulas에서 운영하는 직영점이다. 무지의 리넨뿐 아니라 줄무늬, 체크 등 다양한 패턴의 천을 고루 갖추고 있다. 옷을 만들 때 필요한 실과 레이스 등의 부자재도 함께 팔고 있어 편리하다. 1층은 천과 간단한 소품, 가방을 판매하고, 지하에는 리넨으로 만든 옷이 진열되어 있다.

Open 10-19 sat 10-18 sun 11-17
Pilies str. 38, Vilnius
(+370) 52122322
www.siulas.lt

묶음으로 팔고 있는 리넨실

Linas

리나스

리투아니아에서 가장 큰 리넨 생산업체인 리나스에서 운영하는 곳으로 빌뉴스에 몇 개의 점포가 더 있다. 리투아니아의 북쪽에 있는 파네베지스 panevėžys 공장에서 직접 생산한 고품질의 리넨을 만날 수 있다. 침대 커버와 테이블 리넨, 옷과 가방 등의 제품과 천을 함께 팔고 있다.

Open 10-19 sun 10-16
L.Stuokos-Guceviciaus str. 13, Vilnius
(+370) 52618154
www.linas.lt

전통 시장

Halės Turgus

할레스 뚜르구스

빌뉴스에서 규모가 가장 큰 시장으로 건물은 레트로한 분위기가 물씬 풍긴다. 신선한 채소와 과일을 시작으로 육류, 유제품 등 다양한 식재료와 옷과 잡화 등 생활용품도 함께 팔고 있다. 흥미로웠던 점은 꿀을 파는 곳이 의외로 많아 지나치다 점원과 눈이 마주치면, 다양한 맛의 꿀을 그 자리에서 시음할 수 있어 맛보는 즐거움이 크다. 사이즈와 종류가 다양해 기념품으로도 좋을 듯하다.

머리에 꽃 장식을 하고 유니폼을 입은 시장 사람들의 표정에는 활기가 넘쳤다. 슈퍼마켓보다 조금 더 저렴하게 과일을 살 수 있어 종종 들렀다. 장을 보고 나오니 몇 개의 꽃다발만 가지고 나온 아주머니들이 양 쪽으로 쭉 늘어선 작은 장이 열렸다. 집에서 직접 키운 꽃은 소박하지만 싱싱해 보였다.

꿀 시식과 친절한
설명을 들을 수 있다.

Open 7-18 sun 7-15
Closed monday
Pylimo 58/1, Vilnius
(+370)52625536
www.halesturgaviete.lt

빵을 파는
작은 키오스크

슈퍼마켓

prekybos centras

프레키보스 첸트라스

매일 숙소로 들어가기 전에 꼭 슈퍼마켓에 들렀다. 여행하며 정리한 노트를 보아도 가장 많이 모은 것도 슈퍼마켓의 영수증이었다. 물과 제철 과일을 담고, 문구를 파는 코너도 잊지 않고 둘러 보았다. 리투아니아의 수출품목에서 높은 비중을 차지하는 것 중 하나가 치즈라고 하는데 치즈는 물론 버터의 종류가 정말 풍부했다. 리투아니아에서 라트비아로 이동할 때는 통화가 바뀌니 미리 물과 초콜릿, 과일 등의 간식을 사두면 편하다. 물가도 위쪽 나라로 갈수록 비싸진다(리투아니아, 라트비아, 에스토니아 순).

(1) 치즈가 들어간 초콜릿 디저트 (2) 시리얼이 함께 들어있는 요거트 (3) 수탉이 그려진 비스킷
(4) 그린빈과 루콜라 씨앗 (5) 블랙 커런트 과일 차

iki
이키

리투아니아에 처음 생긴 슈퍼마켓 체인으로 품질과 신선도를 가장 우선으로 한다. 역과 버스 정류장 근처에 있어 가장 많이 이용했다.
www.iki.lt

MAXIMA
막시마

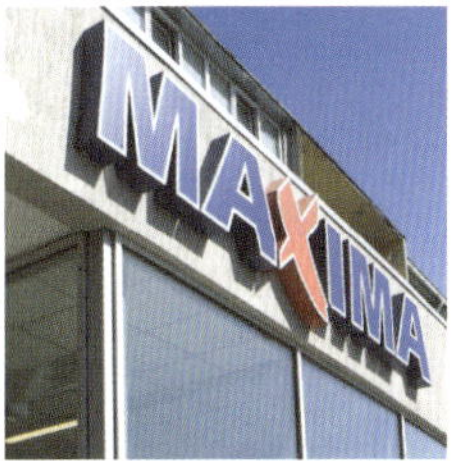

리투아니아에서 가장 큰 슈퍼마켓 체인으로 엑스(X)의 수에 따라 규모가 다르다. 가장 큰 지점은 엑스가 3개 붙은 지점으로 이곳에 가면 뭐든지 다 구입할 수 있을 정도로 다양한 제품이 구비되어 있다.
www.maxima.lt

Rimi
리미

노르웨이에서 만든 슈퍼마켓으로 다른 두 곳보다 규모가 작고 수도 많지 않다. 그렇지만 여기서만 볼 수 있는 수입 식품을 다양하게 갖추고 있는 편이다.
www.rimi.lt

(1)

(2)
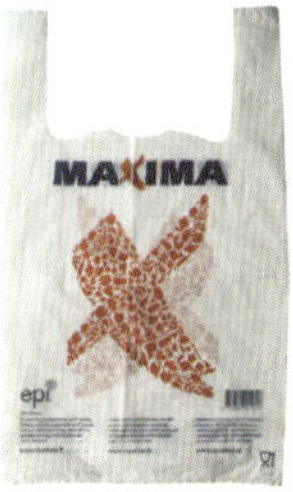

(3)

(4)

(1) 100% 콩기름으로 인쇄한 이키의 비닐 봉투 (2) 막시마의 비닐 봉투 (3) 리미의 에코백
(4) 도넛 모양의 작은 빵. 목걸이처럼 이어 판매한다.

리넨 브랜드, 무쿠의 작업실

muku

무쿠

무쿠의 첫걸음은 도빌레Dovilė와 민다우가스Mindaugas 두 사람의 딸, 아고다가 태어나면서 시작됐다. 2009년 조명 디자이너로 활동하던 부부는 딸을 위해 리넨으로 옷을 만들어 입혔다. 그 옷을 본 친구들이 관심을 보여 친구의 아이들에게도 옷을 만들어 주며 자연스럽게 리넨 브랜드 무쿠가 탄생했다. 6개월 정도가 지나면서 대량생산을 시작했고, 핸드메이드 제품을 판매하는 에시etsy라는 곳에서 처음 팔기 시작했다. 점차 유럽과 호주 등지로 확대됐으며, 한국을 시작으로 아시아에도 알려지게 됐다.

부부는 집 안에 예술가 출신이 많아 어릴 때부터 자연스럽게 영향을 받았다. "리투아니아가 아직 살기 편한 나라는 아니어서 우리 힘으로 할 수 있는 것이 무엇일까 고민하다가 시작했다" 고 한다. 출발점이 딸이었던 만큼 무쿠의 옷은 천연 소재인 리넨으로 만들고 아이가 편하게 활동할 수 있으면 좋겠다는 엄마의 마음을 담고 있다.

무쿠의 작업실은 빌뉴스의 고지대에 위치해 있다. 예전에 공장으로 사용했던 건물에 젊은 아티스트들이 모여 집과 작업실로 사용하고 있다. 사진작가나 예술가들에게는 높은 천장과 넓은 공간이 더없이 좋은 환경이라고 한다. 계단과 복도는 어둡고 투박한 공장의 모습이지만, 천장에 매달린 조명의 디자인과 빛으로 분위기는 달라 보였다. 작업실의 문이 열리자 높은 천장, 긴 창으로 가득 들어온 빛이 스민 밝은 공간이 펼쳐졌다. 먼저 눈에 띈 것은 아이의 눈높이에 맞춘 모퉁이의 놀이 공간이었다. 단순한 색의 갈런드와 여우 얼굴 가면이 장식된 벽, 언제나 그랬다는 듯 자연스럽게 아고다는 그곳에 앉아 놀기 시작했다.

이곳은 작은 원룸이지만 가족이 생활하는 집이며 무쿠의 옷이 만들어지는 작업실이다. 테이블과 창가에는 은방울꽃과 장미꽃이 놓여있어 한층 따뜻한 느낌을 주었다. 부엌 옆에 놓인 그녀의 책상에서 무쿠의 다음이 시작된다.

◀ 로마라는 친구에게 선물 받은 그림 : 그리스 신화에 나오는 켄타우로스(반인반마의 괴물)로 원래는 남성인데, 여성으로 바꿔 벽에 직접 그려준 그림이다. 이 집을 전부 개조했을 때도 이 그림만은 그대로 두었다고 한다. 무쿠를 항상 지켜주고 있는 무쿠의 네 번째 가족이라고 소개했다.

▲ 칠판에 스크랩해 놓은 그림과 엽서

▼ 테이블로 사용하는 트렁크 : 리투아니아의 들꽃차와 꿀. 차에 꿀을 타서 먹는다.

(1)

(2)

(3)

(4)

(1) 종이로 만든 엽서와 길에서 주워온
커피 뚜껑과 조각들로 만든 콜라주 작업
(2) 빈티지한 조명
(3) 부엌에 놓인 작은 장식들
(4) 은은한 향이 퍼지는 은방울꽃

무쿠란 이름의 뜻은 리투아니아어로 아름다운 어감을 찾다 정했고 특별한 의미는 없다. 나중에 아랍 동화에 무쿠스라는 이름을 가진 주인공을 알게 됐다. 통이 넓은 바지에 날아다니는 신발을 신고 다니는데, 넓은 바지가 우리의 디자인과 닮아 있어 신기했다.

리넨을 사용하는 이유는 리넨은 리투아니아에서 전통적으로 가장 오래된 원단이기 때문이다. 신화, 동화, 전설에서도 성스러운 존재로 등장하고, 천연 소재에 가깝다. 리넨의 원재료는 작고 푸른 꽃을 피우는 플랙스*라는 식물이다. 플랙스는 추수할 때의 빛과 습기의 영향을 받아 리넨의 색도 매번 차이가 있다. 사람들이 옷을 구입하고 "왜 색이 다르냐"는 질문을 종종 하기도 한다. 같은 옷이라도 나무 껍질의 빛깔처럼 미묘하게 밝아지거나 어두워 질 수 있다. 여름에는 얇고 겨울에는 두툼한 계절에 맞는 원단으로 옷을 만들 수 있는 장점이 있다. 신축성도 좋아 활동이 많은 아이들에게도 안성맞춤이다. 이것이 우리가 리넨을 사용하는 이유고 리넨의 가치다.

*플랙스(flax) : 서늘한 기후에서 자라는 아마로 리넨의 원료가 된다.

*르반 세라믹(leaven ceramics) : 고대의 점토 도자기 기법으로 누룩으로 만든 유약에 담가 만든다.

리넨 이외에 사용하는 원단과 재료는 겨울철에는 두꺼운 아마, 리넨과 혼합한 면, 따뜻한 울 등 계절에 맞게 천연 소재만을 사용한다. 실도 모두 리넨을 사용하고 부자재로 사용하는 것은 단추가 유일하다.

리투아니아의 리넨을 사용하는가 리투아니아에서 재배된 플랙스가 가공하기 좋고, 질이 높다. 리투아니아에서 처음 리넨을 생산한 시울라스와 최대 생산 업체인 리나스 공장에서 만든 원단을 사용한다. 이 두 곳은 리투아니아와 옆 나라 벨라루스에서 수입해 온 플랙스로 리넨을 생산한다.

옷이 만들어지는 과정은 이 작업실은 창조활동을 주로 하는 곳으로 오래된 헌책과 사진집에서 영감을 받는다. 좋은 원단을 고르는 일부터 시작하고 재료 선택도 직접 한다. 리투아니아 하우스와 함께 작업을 하며 근교에 있는 작업장에서 몇 명의 직원이 제작을 한다. 옷의 패턴을 만들고 가공까지 그곳에서 마무리를 한다. 우리의 아이들이 입을 옷이니까 모든 공정은 직접 관리한다. 옷이 제작되면 카탈로그를 만든다. 스튜디오 사진은 이곳에서 촬영하고, 야외 사진은 그때의 콘셉트에 맞춰 장소를 정한다.

차분한 색의 천연 소재를 신중하게 고른 후, 일상 생활의 움직임을 고려해 옷을 만들어 가고 있다. 아이 옷에 이어, 어른 옷도 주문하는 사람들이 있어 진행해 나가고 있다. 옷과 함께 일상에서 매일 사용하는 그릇도 함께 소개하기 시작했다. 르반 세라믹*으로 만든 독특한 질감과 무늬, 색상의 생활 도자기다. 소규모지만 하나하나의 공정에 노력과 열정을 담아 오리지널로 만든 제품의 힘을 믿는다. 좋은 제품은 시간이 걸려도 사람들이 찾고 사랑받게 된다. 무쿠의 처음 시작처럼 그들만의 길로 계속 걸어가면 좋겠다.

muku
T.Sevcenkos str. 16i-315, Vilnius
(+370)67430900
www.madebymuku.com

&Ko

앤드 코

빌뉴스의 신진 디자이너들을 소개하는 공공 장소이다. 무쿠의 옷을 직접 만져보고 구입할 수 있는 곳으로 디자인 주간에 맞춰서 제작한 작품들이 전시되어 있다. 리투아니아의 디자인 아카데미에서 공부하는 학생들의 작품도 함께 전시되어 있다. 발상의 전환으로 신선하고 유머가 담긴 작품들이 많다. www.facebook.com/andko.lt

(1)

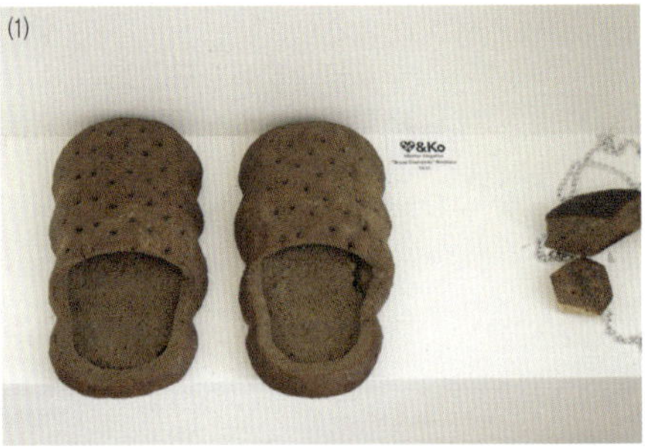

(2)

(3)

(4)

(1) 신발과 목걸이 : 빵 재료로 만든 오브제, 먹을 수는 없다.
(2) 봉제인형 : 원래 있던 인형을 뒤집어서 새로운 인형을 만들었다.
(3) 무쿠의 가족
(4) 어른을 위한 무쿠의 리넨 원피스

Mano Lietuviški namai

마노 레투비슈키 나마이

▲ 손으로 직접 짜서 만든 직물
▼ 메밀이 들어있는 쿠션

무쿠의 작업실 근처에 있는 또 다른 작업실을 소개 받았다. 이곳을 시작한 사람은 15년 동안 인테리어 디자인을 해 온 부부로 부인은 사진작가, 남편은 디자이너로 활동하고 있다. 마노 레투비슈키 나마이 Mano Lietuviški namai는 '나의 리투아니아 집'을 의미하고 가구, 건축, 디자이너가 모여 여러 가지 재료를 가지고 함께 작품 활동을 해 나간다. 서로에게 좋은 영향을 주고받으며, 장인 정신이 깃든 옛날 방식으로 수공예 작업을 잇고 있다. 직물 중에는 리넨 소재를 주로 이용해 쿠션, 침구를 만들고, 옛날 직기를 이용해 카펫을 짜기도 한다.

Lithuanian design block
T.Ševčenkos g. 16, Vilnius
www.mlnshop.com

무쿠에게서 받은 기념품 (1) 리투아니아의 헌책으로 만든 갈런드 (2) 무쿠의 일러스트가 그려진 에코백
(3) 친환경으로 재배한 카카오로 만든 수제 초콜릿

column 1

은방울꽃

스톡홀름을 여행하며 처음 본 작고 흰 종 모양의 꽃. 귀여움이 묻어나 한 다발을 사고 싶은 마음이 컸지만 이동이 많은 여행지에서 꽃은 사치란 생각에 눈으로만 몇 번을 만지작거리다 그냥 돌아섰다. 그 날의 아쉬움은 여행하는 동안 내내 마음속에서 떠나지 못하고 맴돌았다.
몇 년 후 빌뉴스의 구시가를 걷다 은방울꽃과 다시 마주쳤다. 직접 기른 은방울꽃을 판매하는 아주머니들이 종종 눈에 띄었다. 그 옆을 지나치기만 해도 향이 묻어났다. 지나치고 후회하지 말아야지, 작은 다짐을 하고는 숙소로 돌아가는 길에 한 다발을 샀다. 은방울꽃과 꼭 닮은 소박한 아주머니에게 꽃을 샀다. 건네받은 순간부터 숙소로 돌아오는 길 내내 기분이 좋았다. 유리컵에 꽂아 창가에 두니 방안에 은은한 향이 계속 스며들었다.

작은 파리로 불리는 예술가의 마을

Užupis

우주피스

빌뉴스의 구시가 옆에 흐르는 빌니아vilnia 강을 건너면 우주피스란 지구가 나온다. 우주피스는 '강 건너 저편' 이라는 의미를 갖고 있다. 15세기부터 노동자들이 살기 시작했고, 16세기에 다리가 놓이기 전까지는 닫혀 있던 곳이다. 1980년 후기부터 젊은 예술가와 학생들이 저렴한 집값과 노스탤직한 분위기에 끌려 살기 시작했다. 멈추어 있던 마을은 사람들이 모여 들며 점차 활기를 찾았다. 주인의 취향이 담긴 가게들이 하나 둘 문을 열었고, 갤러리에서는 전시와 이벤트가 진행되었다. 지금은 예술가의 마을로 불린다.

우주피스를 걷다 보면 작고 큰 갤러리가 자주 눈에 띈다. 그림이 그려진 벽이나 가게의 간판은 한 번 더 눈길이 갈만큼 재미있고 독특한 곳이 많다. 우주피스는 4월 1일, 단 하루만 공화국이 되어 다리를 건너 들어갈 때 여권 검사를 하고 입국도장을 찍어주는 행사가 열린다.

Prie ANGELO

프리에 앙겔로

우주피스 공화국의 표지가 붙은 다리를 건너 2분 정도 들어가면 삼각형의 메인 광장이 나온다. 광장의 한 가운데 나팔을 불고 있는 천사, 가브리엘 상이 우뚝 솟아 있다. 우주피스의 상징으로 자유와 예술을 표현하는 천사는 가게와 길가에서 종종 마주치게 된다. 이른 시간에 찾아 가게들은 문을 열 준비로 분주해 보였다. 한 바퀴를 둘러보고 근처의 엔젤이란 이름의 카페에 들어가 시간도 보낼 겸 쉬기로 했다. 차분한 색의 실내와 창가에 올려진 꽃과 천사의 장식이 잘 어울렸다. 카페지만 차뿐 아니라 식사, 술도 함께 팔고 있다.

Open mon-fri 9-23 sat 9-24
sun 9-23
Užupio g. 9/2, Vilnius
(+370)52153790

잡화점

Užupio keturiolika

우주피오 케투리올리카

창으로 살짝 엿보니 북유럽에서 보던 가게의 느낌이다. 리투아니아에서는 좀처럼 보기 드문 물건이 보였다. 선반에 가지런히 놓여진 오가닉 비누와 그릇, 바닥에 놓인 운동화, 리넨 소재의 옷까지 일상에서 매일 사용하는 물건들을 파는 셀렉트숍이다. 직접 사용해 보고 좋았던 물건을 소개하는, 주인의 취향이 담긴 가게는 더 믿음이 간다.

Open mon-fri 12-14, 16-19 sat 12-16
Užupio g. 14, Vilnius
(+370) 61020045
www.uzupioketuriolika.lt

동네의 빵집

Thierry kepykla

티에리 케피클라

언덕길을 한참 올라 힘이 빠져있는데, 갓 구운 크루아상의 냄새가 발길을 멈추게 했다. 위를 올려다보니 크루아상 형태의 간판이 눈에 들어왔다. 사람들이 들락거리는 모습에서 맛있는 빵 가게란 짐작이 됐다.
리투아니아의 빵은 식감이 퍽퍽하고 시큼한 맛이 강한 편이라 식사로 먹는 것이 대부분이다. 부드럽고 버터의 풍미가 가득한 빵이 그리웠던 차에 만나 더 반가웠다. 티에리는 프랑스 빵 가게로 크루아상, 데니쉬 등의 빵과 에클레어, 타르트 등의 디저트를 판매한다. 동네 주민은 물론, 빵을 사려고 멀리서 오는 사람들의 발길도 끊이지 않았다.

(1)

(2)

(1) 치즈가 듬뿍 들어있는 크루아상과 커피
(2) 다크 초콜릿으로 만든 초콜릿 케이크

Open 7-19 sat 8-18 sun 9-17
Užupio g. 19, Vilnius
(+370) 67909081

우주피스를 걷다 보면, 독특하고 재밌는 간판과 그림이 눈에 자주 띈다.
STURMU : 액자를 모티브로 한 벽의 그림을 보고 낚시 전문점이 아닐까 생각했는데
여행에서 돌아와 찾아보니 생선 요리를 파는 음식점이었다.

Vilnius Map

PILIES G.
7
ŠV.JONO G.
DOMINIKONŲ G.
1
LATAKO G.
9
TRAKŲ G.
VILNELĖ RIVER
4
UŽUPIO G.
5
IŠGANYTOJO G.
11
3
PAUPIO G.
VOKIEČIŲ G.
2
SAVIČIAUS G.
AUGUSTIJONŲ G.
BOKŠTO G.
DIDŽIOJI G.
KŪDRŲ G.
MAIRONIO GATVĖ
MĖSINIŲ G.
8
10
RŪDNINKŲ G.
SUBAČIAUS GATVĖ
PASAŽO SKG.
PYLIMO GATVĖ
AUŠROS VARTŲ G.
BAZILIJONŲ GATVĖ
LAPŲ G.
6
12
SEINŲ G.
버스터미널
기차 중앙역

[리넨숍]

1 리노 나마이
Lino Namai

Open 10-19 sat 10-18 sun 11-17
Pilies str. 38, Vilnius
(+370) 52122322
www.siulas.lt

2 리나스
Linas

Open 10-19 sun 10-17
Stikliu str.3, Vilnius
(+370) 52610213
www.lgstudija.lt

[우주피스]

3 프리에 앙겔로
Prie ANGELO

Open mon-fri 9-23 sat 9-24 sun 9-23
Užupio g. 9/2, Vilnius
(+370) 52153790

4 우주피오 케투리올리카
Užupio keturiolika

Open mon-fri 12-14 / 16-19 sat 12-16
Užupio g. 14, Vilnius
(+370) 61020045
www.uzupioketuriolika.lt

5 티에리 케피클라
Thierry kepykla

Open 7-19 sat 8-18 sun 9-17
Užupio g. 19, Vilnius
(+370) 67909081

[시장]

6 할레스 뚜르구스
Halės Turgus

Open 7-18 sun 7-15
Closed monday
Pylimo 58/1, Vilnius
(+370) 52625536
www.halesturgaviete.lt

[카페, 식당]

7 가비
Gabi

리투아니아 요리를 팔고 있는 카페. 케이크 등 디저트 메뉴도 준비돼 있다. 소박하게 가꾼 정원에 마련된 테라스 자리는 사람들로 꽉 차 있을 만큼 인기가 좋다.

Open 10-22
Šv.Mykolo 6, Vilnius
(+370) 2123643

8 포뉴 라이메
Ponių Laimė

케이크의 종류가 다양한 카페로 수프, 샐러드, 샌드위치도 팔고 있어 식사도 가능하다.

Open 9-20 sat 10-20 sun 11-18
Stikliu 14-1, Vilnius
(+370) 2649581

9 스코니스 이르 크바파스
Skonis ir Kvapas

앤티크풍의 카페로 커피와 40종류 이상의 차를 갖추고 있다. 식사 메뉴도 다양하고 디저트도 판다.

Open 10-22
Traku 8, Vilnius
(+370) 2122803
www.skonis-kvapas.lt

10 라부키
LABUKI

일식, 한식을 파는 레스토랑. 한국인 쉐프도 일하고 있으니 아시안 음식이 먹고 싶을 때 찾으면 좋다. 2층에 있어 넓은 창으로 구시가가 한 눈에 내려다 보인다.

Open 11-23 fri 11-24 sat 12-24 sun 12-23
Didžioji g. 28, Vilnius
(+370) 2611188

11 키친
KITCHEN

모던한 인테리어가 돋보이는 레스토랑. 디너는 예약제로 운영된다.

Open 11.3-24
Didžioji g. 11, Vilnius
(+370) 68880558
www.inthekitchen.lt

[숙소]

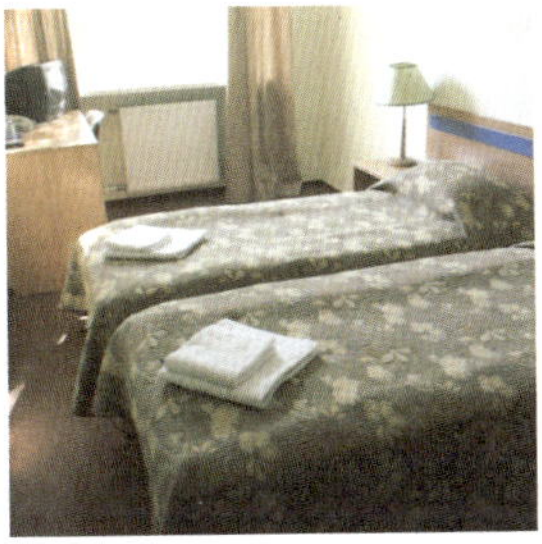

12 미코텔
Mikotel

구시가에 있는 호텔로 버스터미널과 기차역에서 도보로 5분 정도 떨어진 위치에 있다. 호텔에서 조금 걸어가면 하레스 시장이 있어 편리하다. 4층 건물로 엘리베이터가 없는 것이 단점이다.

Pylimo 63, Vilnius
(+370) 2338832
www.mikotelgroup.com

옛 수도, 붉은 성을 찾아서

Trakai

트라카이

빌뉴스에서 30km 정도 떨어진 곳에 위치한 트라카이는 리투아니아의 옛 수도다. 수십 개의 호수와 숲으로 둘러싸인 아름다운 곳으로 빌뉴스에서 작은 버스를 타고 30분 정도 달려 도착했다. 트라카이 버스터미널 건너에 하나로 뻗어있는 길을 따라 2km 정도 걸어 들어가면 이곳의 상징인 트라카이 성에 다다른다. 시내에서 접근성이 좋아 별장을 짓고 휴양지로 이용하는 사람들이 많다. 조금은 쌀쌀한 날씨인데도 길 양쪽에 있는 넓은 호수에는 수영을 즐기거나 요트를 타는 사람이 자주 눈에 띄었다.

창가에서 따뜻한 햇볕을 쬐고 있는 고양이.

트라카이 성으로 들어가는 길에는 카라이무karaimų라고 이름이 붙은 길이 있다. 이 주변에는 15세기에 강제로 이주해 온 터키계의 소수민족 카라이메karaime가 산다. 빛이 바랜 목조건물에 세 개의 창문이 있는 집이 이들의 전통 가옥이다. 지금은 많이 비어 있지만, 남아 있는 카라이메 족은 여전히 전통을 지키며 이곳에 살고 있다. 카라이무 거리를 지나면 오른쪽으로 호수 위에 떠있는 붉은 고성이 보인다. 날씨가 맑아 호수에 비친 성이 한층 더 또렷해 보인다. 트라카이 성은 갈베galvė 호수에 있는 가장 큰 섬에 지어졌다. 14세기 후반에 리투아니아를 통치하던 공작들에 의해 침략을 막고 제사 등의 행사를 치르기 위해서다. 끊임없는 침략으로 붕괴된 후 오랫동안 방치되다 1961년부터 복원을 시작해 1987년에 완공되었다.
연결된 다리를 건너 안으로 들어가니 성은 겉에서 본 모습보다 훨씬 크고 웅장하게 느껴졌다. 입장권을 끊고 성 안으로 들어 갔다. 성 안은 공작들의 유품과 중세의 역사가 담긴 박물관으로 관광객과 리투아니아의 학생들까지 꽤 다양한 사람들로 붐볐다. 리투아니아 아이들 눈에 비친 우리는 너무도 낯선 사람으로 보였는지, 한 아이가 한참을 보고나서 작은 목소리로 인사를 건넸다. 내가 답례를 하자 다른 아이들도 하나 둘 다가와 인사를 한다. 소박하고 친절한 아이들의 인사에 마음이 따뜻해졌다.

카라이메의 전통 음식

Traku Kibinai

트라쿠 키비나이

성으로 들어가는 길에 키비나이kibinai라고 써진 카페나 노점과 자주 마주쳤다. 키비나이는 카라이메의 전통 음식으로 양고기를 넣어 만든 파이다. 돌아 나오는 길에 키비나이를 맛 볼 겸 쉬려고 카페를 찾았다. 향토 음식을 파는 카페로 숙소와 함께 운영하는 곳이다. 개인적으로 양고기를 못 먹어서 닭고기가 들어간 키비나이를 주문했다. 주문을 받아 굽는건지 시간이 한참 지나서야 요리가 나왔다. 만두 모양의 단단한 파이 속에는 고기와 채소가 꽉 차 있었다. 뜨거운 김이 모락모락 나는 파이와 수프로 배를 든든하게 채우니 다시 길을 나설 힘이 생겼다.

(1)

(2)

(1) 리투아니아의 전통 빵이 함께 나오는 토마토 수프 (2) 닭고기를 소로 넣은 키비나이

Open 10-22
Karaimų g. 13, Trakai
(+370) 52851911
www.karaimai.lt

카라이무라고 이름이 붙은 길이 있다.

세 개의 창문이 있는 카라이메의 전통 가옥이 아직 곳곳에 남아 있다.

Kaunas

기차를 타고, 제 2의 도시 카우나스

카우나스는 빌뉴스에서 차로 1시간 30분 정도 가야 한다. 1차 대전 후 러시아로부터 독립했을 때 4년간 수도였다. 두 개의 강이 만나는 곳에 위치해 있고 약 40만 명의 인구가 살고 있는 리투아니아의 제 2의 도시이다. 빌뉴스에서 기차를 타고 카우나스에 도착해 역을 나와 길을 건너면 시내가 나온다. 카우나스는 하나의 긴 길로 연결되어 있어 헤매지 않고 둘러볼 수 있다.

보통 유럽의 도시들은 구시가가 중심의 역할을 하고 있는데, 카우나스의 구시가는 신시가지를 지나 안쪽에 있다. 걷기에는 좀 멀어 버스를 타고 이동했다. 구시가를 구경하고 나오면 가로수를 심은 자유로가 나온다. 길 옆으로는 서점, 우체국, 카페 등의 가게가 줄지어 있고 중앙에는 나무가 그늘을 만들어주니 천천히 구경하며 걷기에 좋다. 그늘 아래에는 벤치가 놓여있어 잠시 쉬어갈 수 있다.

◆ 빌뉴스에서 카우나스로

빌뉴스에서 버스, 미니버스, 기차를 타고 카우나스로 갈 수 있다.

버스 첫 차는 버스터미널에서 오전 5시 40분에 출발하고 낮 시간은 1시간에 2~3편 정도 운행된다. 소요시간은 약 1시간 40분 정도 걸린다. 요금은 19Lt부터.

기차 중앙역에서 1일에 11편 이상이 운행된다. 소요시간은 1시간에서 1시간 30분 정도 걸린다. 요금은 15Lt부터이며 요일과 시간에 따라 차이가 있다.

구시가의 서점

Humanitas

후마니타스

만년필로 글씨를 쓰는 팔이 그려진 간판을 보고 걸음을 재촉했다. 역시나 서점이었다. 규모는 크지 않지만 단행본과 미술, 디자인, 건축 등의 전문서적도 고루 갖추고 있다. 근처에 학교가 있어선지, 아침부터 손님들로 북적거렸다. 코너마다 할인하는 책도 일반 서점보다 많은 편이다. 한 편에는 카우나스의 명소를 찍은 기념 엽서를 팔고 있다.

(1)

(2)

(1) 미술, 건축, 디자인 등의 전문서적을 골고루 갖추고 있다.
(2) 할인하는 책은 상자에 따로 모아 진열 판매한다.

Open 9-18
Vilniaus g. 11, Kaunas
(+370)209581
www.humanitas.lt

빵 가게

Motiejaus kepyklėlė

모테여우스 케피클렐레

구시가에는 카페와 초콜릿 가게, 빵 가게가 밀집되어 있다. 그 중 사람이 가장 붐빈 곳은 단연 빵 가게였다. 빵 바구니는 갓 구워낸 빵으로 하나 둘 채워졌다. 프랑스 빵을 파는 곳으로 다양한 종류의 빵과 케이크, 구운 과자가 진열되어 있고 작은 테이블이 놓여 있어 빵과 차를 마실 수 있다. 동네의 아주머니, 교복을 입은 여학생, 여행자까지 빵을 고르는 표정에 웃음이 가득했다.

Open 8-20 sat 8-18 sun 9-18
Vilniaus g. 7, Kaunas
(+370)61615599

리투아니아 전통 음식

Bernelių užeiga

베르넬류 우제이가

카우나스의 구시가에 있는 식당으로 다른 도시에도 몇 개의 지점이 있다. 오래된 민가의 목조건물로 창마다 화분이 놓여 있어 정겨운 기분이 든다. 여름에만 개방되는 테라스 자리도 있다. 리투아니아의 향토 요리를 맛 볼 수 있는 곳으로 가족단위의 현지인, 여행자도 즐겨 찾는 곳이다. 전통의상을 입은 점원들이 음식을 내어 주고, 요리를 담아 나오는 그릇도 직접 만들어 리투아니아의 느낌이 강하다.

빵 뚜껑을 열면 안에 수프가 들어 있다.
수프와 빵을 함께 먹는 리투아니아의 전통 음식이다.

Open 11-22
M. Valančiaus St. 9, Kaunas
(+370)61405236
www.berneliuuzeiga.eu

구시가 우체국

Lietuvos Paštas

레투보스 파스타스

언제부터였는지 기억은 희미하지만 여행을 하며 엽서를 보내는 일이 습관처럼 이어졌다. 내가 사는 곳이 아닌 다른 도시에서 정성을 들여 엽서를 고르고, 우체국에서 우표를 사고 그날을 기록하는 짧은 일기를 썼다. 떠나는 날 아쉬움을 담아 우체통에 엽서를 넣었다. 여행이 길어지면 먼저 도착한 엽서가 내 책상에 놓여있기도 했다. 돌아와 엽서를 펼치면 그 시간이 고스란히 떠올랐다.

구시가를 걷다 낡고 오래된 건물에 있는 우체국을 찾았다. 리투아니아에서도 이미 몇 곳의 우체국에 들렀지만, 지나치지 못하고 또 문을 열었다. 얼마만큼 오랜 시간 이곳에 있었나를 가늠해보며 들어 갔다. 한 발 한 발 디딜 때마다 들리는 삐그덕 소리에 쌓인 세월의 두께가 전해졌다.

Open mon-fri 9-18 sat 10-14
Rotušės a. 29, 44033 Kaunas
(+370) 324363
www.post.lt

중앙 우체국

Kauno Centrinis Paštas

카우노 센트리니스 파스타스

구시가를 나와 조금 걷다 보면 가로수가 늘어선 자유로가 나온다. 자유로에서 가장 먼저 들어간 곳도 역시나 우체국이다. 호른 마크를 발견하고 그냥 지나치지 못하고 안으로 들어갔다. 높은 천장과 바닥의 타일이 빛을 받아 아름답게 반짝이고 있었다. 여행을 하며 들렀던 많은 우체국 중에서도 가장 돋보였고 우체국도 아름다울 수 있다는 생각을 했다.

Open 7-19 sat 8-16
Laisvės al. 102, 44001 Kaunas
(+370)401372
www.post.lt

우체국에서 제작한 봉투, 다양한 크기의 봉투를 팔고 있다.

45

리투아니아의 과거 속으로, 야외 민속 박물관

Lietuvos Liaudies Buities Muziejus

리에투보스 라유디에스 부이티에스 부지에유스

빌뉴스와 카우나스 사이에 위치한 박물관으로 카우나스와 좀 더 가깝다. 카우나스에서 동쪽으로 약 20km 정도 떨어진 룸시스케스rumšiškės라는 마을에 있는 야외 박물관이다. 드넓은 부지에 리투아니아의 18~20세기의 민가와 생활모습을 그대로 재현해 놓았다. 4개의 지구로 나뉘어 약 140개의 목조건축물이 지어져 있어 커다란 마을처럼 느껴진다. 걸어서 보기에는 너무 넓기 때문에 박물관의 입구에서 빌려주는 자전거를 타고 안으로 들어갔다. 기다란 나무가 모여 만들어진 숲과 호수가 보였다. 그래서인지 가족단위로 소풍을 나온 사람들도 종종 눈에 띄었다.

박물관의 중앙에는 헌책방과 전시관, 찻집, 공예품을 파는 가게들이 모여 있다. 그곳에 작업실을 두고 물건을 만든 사람이 판매도 함께 하고 있다. 전시관도 민가를 그대로 재현한 집을 이용하고 있다. 마침 '리투아니아의 빵'이라는 전시가 열리고 있었다. 빵의 재료와 만드는 과정이 소개되어 있고, 실제 그 시대의 옷과 도구가 함께 전시되어 있었다. 방에는 테이블 모습까지 재현되어 있어 그 시대를 쉽게 이해할 수 있다. 여름의 주말에는 다채로운 행사가 열리고, 워크숍도 비정기적으로 열리므로 사전에 신청하면 참여할 수 있다.

(1)

(2)

(1) 리투아니아의 전통 빵으로 시큼한 식사용 빵이다.
(2) 리투아니아의 전통 의상과 신발

차를 마시며 쉬어 갈 수 있는 카페.
넓은 부지의 중앙에 가게가 모여 있다.

▲ 마차를 타고 안을 둘러 볼 수 있다.
▼ 설명을 해 주는 박물관 안내자

(1)

(2)

(3)

(1) 과일을 담기에 좋은 크기의 바구니 (2) 목공예품 전시관에서 구입한 실패
(3) 헌책방에서 구입한 엽서

카우나스에서 룸시스케스 가는 법

카우나스의 버스터미널 26번 정류장에서 출발한다. 소요시간은 30분, 요금은 6Lt.
룸시스케스 정류장에서 하차 후 박물관 표지를 따라 약 15분 정도 걸어 들어가면 박물관이 나온다.
입장료 10Lt / 자전거 렌탈은 1시간에 5Lt.

Open 10-18
L. Lekavičiaus g. 2, LT-56337 Rumšiškės
(+370)34647233
www.llbm.lt

Panevėžys

리투아니아의 북쪽, 파네베지스

빌뉴스에서 만난 사람들에게 파네베지스로 이동할 예정이라고 하니, 아무것도 볼 것이 없는 그곳을 왜 가는지 도리어 신기해 했다. 리넨의 좋은 점을 하나 둘 알게 되니 만들어지는 과정이 궁금했다. 오로지 리넨을 생산하는 공장, 리나스를 방문하기 위해 리투아니아의 북쪽으로 향했다. 카우나스에서 버스를 타고 2시간 10분 정도 달려 파네베지스의 버스터미널에 도착했다. 우리는 빌뉴스에서보다 더 그들에게 낯선 이방인으로 보였나보다. 무작정 뚫어지게 쳐다보는 눈빛에 얼굴이 달아올라 얼른 숙소로 향했다.

(2)

(1)

(1) 버스터미널 옆 건물에는 은행, 우체국, 슈퍼마켓 등이 있다. 리가로 이동 시 통화가 바뀌니 물이나 간단한 간식을 미리 사두면 편리하다.
(2) 파네베지스 버스터미널

리넨 공장 견학

Linas

리나스

파네베지스의 버스터미널에서 차로 10분 정도 떨어진 곳에 리나스의 공장이 있다. 리투아니아어로 리넨을 의미하는 리나스는 1952년 창립됐다. 발트 3국뿐 아니라 유럽에서 가장 많은 리넨을 생산하는 공장이다. 리넨의 원료인 플랙스를 재배해 실을 뽑아 천을 만들고, 제품으로 생산하는 모든 공정을 직접 하고 있다.
리넨의 품질과 원산지를 보증하기 위해 유럽에 리넨 연맹CELC이 만들어 졌다. 리나스는 1992년 가입했고, 플랙스를 재배하는 산지부터 가공까지 엄격한 기준으로 심사된 고품질의 리넨을 생산한다.

리넨의 기원
기원은 약 8천년 전, 고대 이집트시대에서 찾을 수 있다. 달빛으로 만들어진 천이라고 불리며 신성하게 여겨 미라에 사용되었다. 그 후 로마시대에는 상류층 사람들만이 사용할 수 있는 고가의 소재였다. 서민에게까지 보급된 것은 15세기부터로 침대커버, 테이블크로스 등 일상생활에서 사용되기 시작해 러시아, 폴란드, 아일랜드 등 세계로 퍼졌다. 시대는 바뀌어도 리넨의 인기는 계속됐다. 리투아니아에서도 가장 오랜 전통을 가진 섬유로 어머니가 딸에게 가보로 물려주며 이어져 왔다.

리넨이 만들어지는 과정

리넨의 원재료인 플랙스flax는 작고 푸른 꽃을 피우는 식물로 서늘한 기후에서 자란다. 추수한 플랙스의 씨와 표피를 벗겨 섬유를 꺼내 섬유 다발을 만든 다음 물을 흘려가며 더 얇은 실로 만들어 짜내 천으로 만든 것을 리넨이라고 한다.

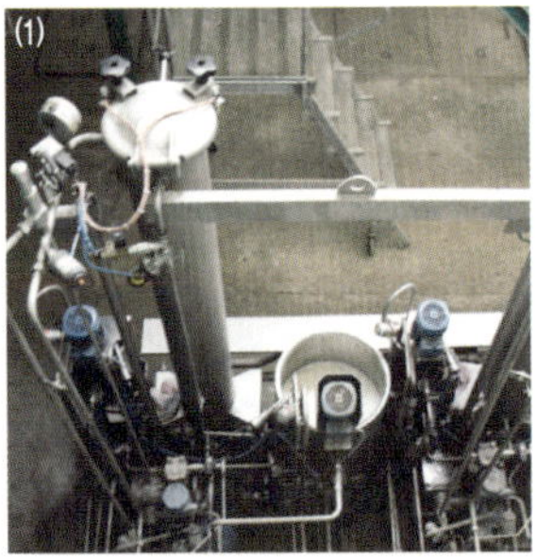

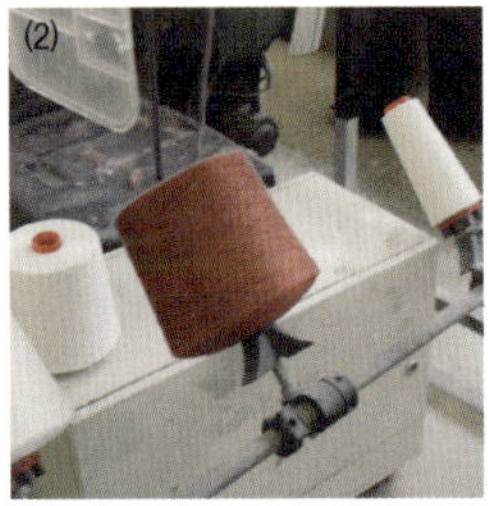

(1) 염색
계단으로 2층에 오르면 커다란 가마가 줄지어 있다. 가마에 흰색 실을 넣고 열로 압력을 가해 염색을 한다.

(2) 짜기
헤드폰을 쓴 픽토그램이 그려져 있는 방에 들어서자 커다란 기계음이 들렸다. 체크나 스트라이프 등의 직물을 짜고 있다.

(3) 인쇄
생산된 천에 실크스크린으로 염색 후, 제품을 만드는 과정도 함께 하고 있다. 핀란드의 마리메꼬, 스웨덴의 알메달 등 북유럽 패브릭 회사의 리넨을 작업한다.

(4) 마무리
천을 체크하는 마지막 공정이다. 위에서 자동으로 천이 흐르고, 사람의 눈과 손으로 검사한다. 검사가 끝난 천은 종이관에 감겨 포장되어 출하된다.

Linas Factory Shop

리나스 팩토리 숍

견학을 마치고 공장 옆에 있는 리나스 직영점을 방문했다. 리나스는 빌뉴스와 파네베지스에 직영점과 온라인숍을 운영하고 있다. 이곳에서는 빌뉴스의 숍보다 다양한 제품을 팔고 시즌이 지났거나 B급 제품은 할인해서 파는 코너도 있다. 여행자보다는 현지인들이 주로 이용해 합리적인 가격에 리넨을 살 수 있다. 리넨은 사용할수록 부드러워지고 흡수성과 항균성이 좋아 습기가 많은 여름에는 시원하고 추운 계절에는 따뜻하게 감싸준다.

Open mon-fri 8.30-17
Closed sat, sunday
S. Kerbedzio str.23, Panevezys
(+370)45506132
www.linas.lt

Latvija

라트비아

Latvija

◆ 라트비아 안내

정식국명 라트비아 공화국 Latvijas Republika(라트비야스 레푸블리카)
면적 64,589㎢
인구 약 201만명(2013년)
수도 리가(인구 약 71만명)
국제전화 +371
시차 7시간. 한국시간에서 7시간을 빼면 된다.
서머타임(3월 마지막 주 일요일부터 10월 마지막 주 일요일까지) 때는 6시간의 시차가 난다.
비자 관광목적의 경우는 비자 없이 6개월 내에 90일 이내로 체류가 가능하다.

◆ 통화

유로(EUR)
2014년 부터 공식화폐가 라트(Lats_Ls)에서 유로로 바뀌었다.
유로를 환전해 가는 것이 편리하다.
환전시 은행마다 수수료의 차이가 있고 공항보다는 시내에 있는 환전소를 추천한다.

◆ 언어

공용어는 라트비아어(Vikipedija)

안녕	**Sveiki**	스베이키
아침인사	**Labrīt**	라브리트
점심인사	**Labdien**	라브디엔
저녁인사	**Labvakar**	랍바카르
안녕히 가세요	**Uz redzēšanos**	우즈 레제샤노스
네/아니오	**Ja/Ne**	야/네
감사합니다	**Paldies**	팔디에스
죄송합니다	**Atvainojiet**	아트바이노이엣

◆ 리가 도착

비행기로 도착

리가 국제 공항은 시내에서 8km 정도 떨어져 있다. 시내로 들어가는 교통수단은 공항버스, 버스, 택시가 있다.

공항버스 에어 발틱이 운행하는 미니밴으로 운행시간 5:30~00:45, 배차간격은 30분, 시내까지 소요시간은 20분, 요금은 3Ls. www.airbaltic.com

버스 22번 버스의 운행시간 5:45~24:00, 배차간격은 10~20분(주말과 휴일은 변경), 시내까지 소요시간은 30분, 요금은 0.70Ls, 커다란 짐은 별도 요금 0.80Ls.

택시 공항에서 시내까지 택시요금은 10Ls 내외. 터미널 안에 있는 발틱(Baltic) 택시 카운터에서 쿠폰을 구입하면 9Ls. www.baltictaxi.com

리가 국제 공항

Lidosta "Rīga"
Open 24h
Mārupe, LV-1053, Latvija
(+371)29311187
www.riga-airport.com

배로 도착

리가항은 구시가에서 북쪽으로 1km 정도 떨어져 있다. 시내로 들어갈 때 트램을 이용하면 2정류장, 도보로는 10분 정도 걸린다.

기차로 도착

리가역은 구시가의 동쪽에 위치해 있다. 도보로 5분 정도면 구시가에 도착한다.

버스로 도착

버스터미널은 중앙시장의 입구, 구시가의 남동쪽에 위치해 있다. 지하도를 건너면 구시가가 나온다.

리가항

Rīgas Pasažieru osta
Open 8-19
Eksporta 3a, Riga
(+371)67030822
www.rigasbrivosta.lv

리가 중앙역

Centrālā Stacija
Open 24h
Gogola iela 3, Riga
(+371)1181
www.ldz.lv

버스터미널

Autoosta
Open 5-24
Pragas 1, Riga
(+371)90000009
www.autoosta.lv

Riga

라트비아의 수도, 리가

파네베지스에서 리가로 가는 버스에 올랐다. 장거리로 가는 버스이니 당연히 고속도로를 떠올렸지만 길은 대부분 2차선이었다. 창밖으로 밭과 집들이 옹기종기 모여 있는 시골 마을의 모습이 계속해서 펼쳐졌다. 소박하지만 아름다운 풍경을 마음껏 볼 수 있어 지루하지 않았다. 라트비아의 국경을 넘어갈 때, 버스가 멈추고 경찰들이 들어와 여권검사를 했다. 유럽에서는 솅겐조약*으로 간단히 신분 확인만 한다. 다시 두 시간여를 달려 리가에 도착했다. 높은 빌딩과 거리마다 붐비는 사람들. 리투아니아와는 전혀 다른 느낌으로 대도시에 온 기분이 들었다.
리가에서 첫 번째 숙소는 구시가 안에 있는 호텔 센트라Hotel Centra로 정했다. 그 나라에 도착해 첫 번째로 머무는 숙소는 중심가와 가까운 위치를 가장 우선으로 정한다. 구시가는 버스터미널에서 지하도만 건너가면 될 정도로 위치는 가까웠지만 계단을 이용해야 하는 불편함이 있다. 점점 무거워지는 짐을 끌고 숙소로 향했다.

*솅겐조약(schengen agreement) : 유럽 각 국가 간에 국경을 없앤 것으로 솅겐조약 가입국에 여행 목적으로 방문할 때는 첫 입국일로부터 6개월 이내, 90일까지 무비자 체류가 가능하다.

리가 관광안내소

Open 9-18 may-sep 9-19
Prāgas iela 1, Riga
(+371) 67220555
www.liveriga.com

리가 지도

시내교통

트램, 트롤리버스, 버스가 다닌다. 운행은 05:00~24:00, 주말과 휴일은 운행시간이 단축된다. 요금은 이-타론스(e-Talons)라는 교통 카드를 이용한다. 구입은 키오스크나 편의점에서 살 수 있고, 카드가 없을 때는 운전사(0.70Ls)에게 직접 요금을 지불할 수도 있다.
리가의 공용교통 www.rigassatiksme.lv

전자 티켓 이-타론스 1회권 0.50Ls, 10회권 4.75Ls, 20회권 9Ls.

Autobusi 버스 50개 정도의 노선이 운행되고 있다. 리가 공항은 22번, 라트비아 민속 박물관은 1번 버스를 이용한다.

Trolejbusi 트롤리버스 20개의 노선이 운행되고 있다. 트램보다 시내의 구석구석에 정차해 편리하다.

Tramvaji 트램 9개의 노선이 운행되고 있다. 구시가를 경유해 출발하는 트램이 많다. 리가항은 5, 7, 9번, 버스터미널은 2, 4, 7, 9, 10번을 이용하면 된다.

Taksometrs 택시 택시회사의 이름이 붙은 소형택시의 요금이 저렴하다. 가능하면 콜택시를 이용하는 것이 좋다. 기본요금은 1.50Ls, 1km에 0.40~0.60Ls.

리가의 중앙에 위치한 구시가 산책

구시가에는 강대국의 지배를 받았던 흔적이 건축 양식에 고스란히 남아 있다. 로마네스크, 고딕, 바로크, 아르누보의 건축 양식이 혼재되어 있고 세계 문화 유산으로 등록되어 있다. 길마다 다른 얼굴의 건물들을 보며 울퉁불퉁한 돌바닥을 천천히 걸었다. 골목 구석구석에서 그림을 그리고 음악을 연주하는 거리의 예술가와 자주 마주쳤다.

Kaku Maja

카츄 마야

리가의 구시가에서 가장 보고 싶었던 고양이 집을 찾았다. 지붕 꼭대기에 기지개를 켜는 고양이 상이 두 마리 매달려 있다. 지붕 위에 고양이가 올려지게 된 이야기를 전해 들었다. 집주인이었던 상인이 길드 가입에 거절당하자 화가 나, 항의하는 의미로 고양이의 꼬리 방향이 길드 건물에서 보이게 설치했다고 한다. 그러나 언젠가 고양이가 방향을 틀어 지금은 꼬리가 서로를 마주보고 있다.

Tris Brali

트리스 브랄리

일부러 찾아 다닐 때는 보이지 않던 삼형제 건물을 작은 골목에서 우연히 마주쳤다. 건물 앞에는 세 명의 악사가 음악을 연주하고 있었고, 단체 여행자들이 우르르 몰려와 사진을 찍고 떠났다. 소박한 크기의 세 주택이 한 건물처럼 나란히 붙어 있다. 중세의 각기 다른 연대에 지어져 건축양식도 각각 다르다. 큰 형인 흰색 건물은 15세기에 지은 17번지의 건물로 리가에서 가장 오래된 빵 가게였다는 기록이 남아있다고 한다. 둘째로 불리는 19번지의 노란색 건물은 무료 건축 박물관으로 이용되고 있다. 막내인 왼쪽의 21번지 건물은 폭이 좁아 인상만으로도 막내처럼 보였다.

Open mon 9-18, tue-thu 9-17, fri 9-16
Closed sat, sunday
Maza Pils 17, 19, 21
(+371) 67220779
www.archmuseum.lv

공예 디자인 박물관

DEKORATĪVĀS MĀKSLAS UN DIZAINA MUZEJS

데코라티바스 막슬라스 운 디자이나 무제이스

Open 11-17 wed 11-19
Closed monday
K.Valdemāra iela 10a, Riga
(+371)67325051
www.lnmm.lv/lv/dmdm

라트비아의 수공예에 관심이 생긴 후로 줄곧 가보고 싶었던 공예 박물관을 찾았다. 예전에 세인트 조지 교회로 사용하던 건물로 리가에서 가장 오래된 석조건물이다. 공예와 어울리는 단순하지만 아름다운 건물에 1989년 문을 열었다. 라트비아의 예술과 디자인을 엿볼 수 있는 박물관으로 직물, 호박, 도자기, 가죽, 나무, 유리, 메탈로 만든 공예작품의 과거와 현재를 소개한다. 문을 열고 들어가면 공예와 관련된 책과 공예품을 팔고 있다. 안에서 사진을 찍으려면 입장권과 사진 촬영권을 따로 구입해야 한다.

라트비아 국립 역사 박물관

Latvijas Nacionālais Vēstures muzejs

라트비야스 나치오날라이스 베스투레스 무제이스

다우가바 강변에 가까워지자 리가 성의 웅장한 모습과 제복을 갖춰 입은 군인들의 모습에 바짝 긴장됐다. 지금은 대통령 관저와 집무실로 사용되고 있는 성은 독일, 폴란드, 스웨덴, 러시아 등 강대국의 지배로 여러 차례 파괴와 복구된 흔적이 남아 있다. 성의 북쪽부분은 라트비아의 역사 박물관과 해외 미술관으로 사용되고 있다. 묵직한 문을 열고 타원형으로 된 계단을 올라 3층의 박물관으로 향했다.

역사 박물관은 1869년 설립되어 1920년에 리가 성으로 옮겨 졌다. 그 시대에 발견된 유물과 재현해서 만든 지도가 각 방마다 시대별로 전시되어 있다. 각기 다른 민족과 지방의 선사시대부터의 역사를 관람할 수 있다. 전시관을 옮길 때 창으로 스민 밝은 빛과 가구만이 놓여 적막함에 다시 한 번 기분이 차분해 졌다.

Open 10-17
Closed monday
Pils Laukums 3, Riga
(+371) 67223004
www.history-museum.lv

리가의 아시안 식당

dA-Da

다다

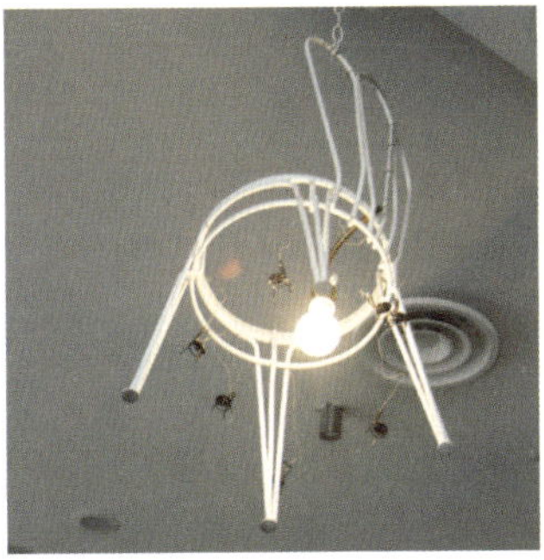

의자와 물조리개를 재활용해 만든 조명

리가에 오니 빌뉴스에서는 보기 드물었던 아시안 식당이 눈에 띄게 많이 보였다. 몇 개의 스시집을 지나 '다다'라는 이름의 간판에서 발길이 멈췄다. 의자를 매달아 만든 조명, 쇠사슬로 만든 테이블의 다리, 하나하나가 다 기발하고 유머러스했다. 관습적인 예술에 반발한 문화 운동, 다다이즘을 표현한 인테리어에 마음이 끌려 가게로 들어갔다.

요리는 웍wok과 샐러드, 수프, 샌드위치 등 캐주얼한 식사메뉴와 디저트, 커피 등의 카페메뉴도 고루 갖추고 있다. 웍은 볼의 크기와 7가지 소스 중 하나를 고를 수 있다. 빈 볼을 받아 각종 채소와 해물, 고기 중 원하는 재료를 담아 건네면 즉석에서 볶아 준다. 자신의 취향대로 빠른 시간에 조리되어 인기가 많다.

(1)

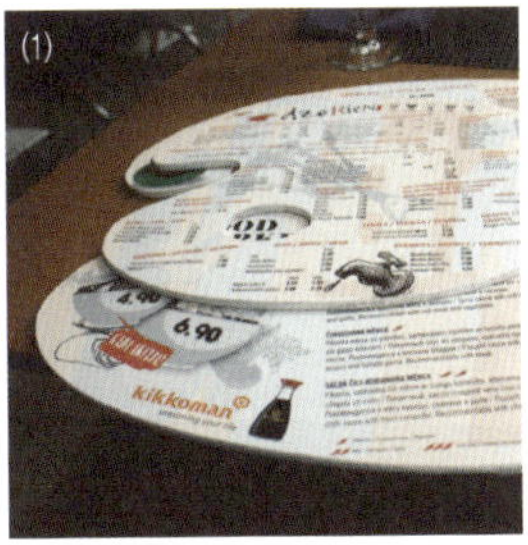

(2)

(1) 팔레트 모양의 메뉴판
(2) 취향대로 담을 수 있는 웍

Open 10-22
Kalēju iela 30(Galerija Centrs 1.st.), Rīga
(+371)67104433
www.sushi.lv

라트비아 그린 스튜디오

PIENENE

피에네네

민들레 홀씨가 날리는 그림이 그려진 피에네네라는 이름의 가게를 찾았다. 피에네네는 라트비아어로 민들레를 뜻한다. 숲과 들에 둘러싸인 라트비아에는 집집마다 전해 내려오는 비법이 있을 정도로 약초가 생활과 가깝고 소중하게 여겨져 왔다.
피에네네는 라트비아에서 재배한 약초로 만든 천연 화장품과 바디 제품, 핸드메이드 초 등을 팔고 있다. 일상에서 매일 사용하는 천연 제품을 찾는 사람들에게 추천하고 싶다. 그 외에도 기념품으로 좋은 라트비아의 도자기와 유리로 만든 제품, 리넨으로 만든 옷이 진열되어 있다. 옆에는 쉬어가기 좋은 카페 공간이 마련되어 있는데 수제 초콜릿과 디저트도 풍부하고, 마시면 피로가 풀리는 허브차도 준비되어 있다. 카페의 한 편에는 민들레 잼과 맥주 사탕, 양파 스낵 등 이곳에서만 구입할 수 있는 식품이 가득했다.

(1)

(2)

(3)

(1) 니트로 만든 동물 인형 (2) 단호박으로 만든 사탕 (3) 라트비아의 술 발잠(Riga Black Balsam)은 1755년에 처음 제조된 전통주로 보드카에 허브를 넣어 옛날에는 감기와 소화제로 사용되기도 했다.

Open 10-21
Closed sunday
Kungu iela 7/9, Riga
(+371) 67210400
www.latviangreen.com

Valters un Rapa

발테르스 운 라파

Open 9-21 sat 10-21 sun 11-17
Aspazijas bulv. 24, Rīga
(+371) 67222422
www.valtersunrapa.lv

구시가에서 처음 들어간 서점은 발트에서 만난 곳 중 가장 규모가 컸다. 100년이라는 역사를 가진 서점으로 라트비아에 5곳의 지점이 있다. 규모만큼 파는 책의 종류도 가장 풍부했는데 대부분 라트비아어와 러시아어로 된 책이고 영어로 된 책 코너도 있다. 지하는 문구점으로 사무용품과 문구, 미술용품까지 다양하게 갖추고 있다. 들어가는 입구에는 할인 판매하는 책이 진열되어 있었다. 상뻬의 책 중 가장 좋아하는 〈얼굴이 빨개지는 아이〉가 반 가격에 할인 중이라 집어 들었다. 물론 라트비아어라 읽지는 못하지만 이 책을 볼 때마다 부엉이 서점과 이 날이 고스란히 기억날 것 같았다.

Emīla Gustava šokolāde

에밀라 구스타바 쇼콜라데

책과 커피라는 공식을 가지고 있지만, 여행지에서는 평상 시보다 걷는 양이 몇 배는 많아지니 커피보다는 초콜릿에 더 끌렸다. 리가에 머문 6일 동안 초콜릿 카페를 세 번이나 찾았다. 걷다가 지치면 어김없이 부엉이 카페로 향했다. 초콜릿을 그대로 녹여 에스프레소 잔에 담아낸 진한 쇼콜라 쇼를 마시면 눈이 번뜩 떠지는 듯한 기분이었다. 서점과 함께 연결되어 있어 편했고 부엉이와 꽃으로 장식한 실내도 마음에 들었다. 음료뿐 아니라, 30종류 이상의 수제 초콜릿도 고루 갖추고 있다. 리가 시내에 몇 개의 지점이 더 있고, 현지인과 여행자 모두에게 사랑 받는 카페다.

Open 9-22 sun 11-20
Aspazijas bulv. 24, Rīga
(+371) 67228333
www.gustavsgifts.com

쇼콜라 쇼를 주문하면, 커다란 컵에 물을 함께 내준다.

작은 셀렉트 서점

LUKABUKA

루카부카

여행지에서도 서점을 향한 애정은 계속됐다. 서점을 발견하면 그냥 지나치지 못하고 꼭 들어가 보게 된다. 오페라 하우스의 매표소 한 편에 있는 작은 셀렉트 서점이다. 서점이라고 부르기엔 너무도 작은 규모지만 아트, 디자인, 패션, 건축의 예술 서적과 음반, 디자인 제품까지 팔고 있다.

Open 11-19, sat 11-16
Closed sunday
Aspazijas bulvāris 3, Rīga
(+371)67229967
www.lukabuka.lv

앤티크숍

Zelta ābele

젤타 아벨레

거리를 걸을 때면 가게 앞을 유심히 본다. 창가에 물건들이 정성스럽게 놓여 있으면 그 가게도 마음에 들었다. 그릇과 장식품, 책 등 낡은 물건이지만 가지런히 진열해 놓은 앤티크숍과 마주쳤다. 벽과 선반에는 촘촘하게 물건들이 놓여 있었다. 가장 관심이 가는 엽서와 작은 책들을 보면서 시간 가는 줄 모르고 문을 닫을 때까지 한참을 머물렀다.

(위) 리가의 80년대 모습이 그려진 엽서 (왼쪽) 사과 요리가 소개된 레서피 엽서세트 (중간) 도자기를 사진으로 찍은 엽서세트 Folk Art (오른쪽) 패턴이 아름다워 구입한 책으로 안에는 일러스트가 그려져 있다.

Open 10-18 sat 11-17
Closed sunday
R.Vāgnera iela 12, Rīga
(+371) 67280136

column 2

고양이

발트 3국 중, 고양이를 가장 많이 발견한 도시는 리가다. 길에서 고양이를 만나면 보물이라도 발견한 것처럼 나도 모르게 "고양이다"라고 소리치며 셔터를 누르게 된다. 숙소를 찾아 헤매던 골목에서 울퉁불퉁한 돌바닥을 유유히 지나가던 고양이를 시작으로 여러 번 고양이와 마주쳤다. 2층 창가로 나와 가게의 차양에 우아하게 앉던 고양이, 유유히 길을 건너는 고양이, 햇빛 자리에 앉아 졸고 있는 고양이까지 유난히 여유 있어 보이던 고양이들 덕에 리가에서는 더 느리게 걸었다.

BANANAS
BANANAS

리가의 부엌, 중앙시장

Centraltirgus

찐트랄티르구스

버스로 리가에 도착한 날, 가장 먼저 눈에 들어온 것은 기차역처럼 보이는 커다란 돔이었다. 이 건물은 20세기 초에 세워진 것으로 제 1차 세계대전 때 독일이 체펠린 비행선 격납고로 이용했던 곳이라고 한다. 1930년에 처음 연 중앙시장은 리가의 부엌이라고 불릴 만큼 다양한 식재료를 팔고 있다. 5개의 돔은 생선, 채소, 고기, 유제품, 잡화 등으로 나뉘어 있다. 시장은 보는 것보다 훨씬 커, 다 둘러보려면 반나절이 걸리는 규모다. 시장 안의 모퉁이에는 빵이나 커피를 파는 작은 카페도 있어 쉬어갈 수 있다. 물론 가격도 시내의 카페보다 저렴하다. 돔 밖에도 꽃과 과일, 잡화를 파는 시장이 함께 열린다. 살구, 딸기 등의 제철 과일들이 가지런히 진열되어 있다. 과일과 채소는 역시 햇빛에서 보는 게 더 먹음직스럽다.

(1)

(2)

(1) 실내의 씨앗 가게로 물조리개, 영양제 등 다양한 정원용품을 팔고 있다.
(2) 모종의 알림판으로 포크를 사용해 눈길을 끈 야외의 꽃 가게

(3)

(4)

(5)

(3) 낱개 쿠키로 맛은 비슷하지만 모양이 귀여워서 하나 둘 고르게 된다. 초콜릿과 쿠키, 사탕은 그램으로 판매하고, 한두 개씩도 구입할 수 있다. (4) 야외의 벼룩시장에서 고른 앞치마 (5) 차도 1인분씩 소포장해 판매하고 종류도 다양하다.

Open tue-sat 7-18 sun-mon 7-17
Pragas 1, Riga
(+371) 67229985
www.centraltirgus.lv

GELATI

숲 속의 민예품 시장

Brīvdabas muzejs

브리우다바스 무제이스

우연히 보게 된 한 장의 사진과 글을 보고 리가의 여행을 바라게 됐다. 숲 속에 펼쳐진 바구니의 사진과 일년에 한 번 민예품 시장이 열린다는 글이다. 리가 시내에서 버스를 타고 30분 정도 가면 도착하는 야외 민속 박물관에서 6월 첫 번째 주말에 민예품 시장이 열린다. 바구니, 미튼, 도자기, 리넨 등 손으로 만든 물건과 사람들이 만나는 시장으로 라트비아 각지에서 올라온 민예품이 모인다.
리가에 도착한 날부터, 오락가락한 날씨 때문에 주말에 비가 내리지는 않을까 매일 아침 일어나 일기예보부터 살폈다. 비가 내리면 취소가 될 지도 모른다는 불안감이 들었다. 드디어 기다리던 토요일, 날씨는 흐림 때때로 비다. 흐린 날씨도 감사한 마음에 전날 버스정류장과 시간표를 메모한 노트를 들고 서둘러 숙소를 나섰다. 버스정류장은 전통 의상을 입은 현지인과 큰 배낭을 맨 여행객들로 붐볐다. 2개로 이어진 기다란 버스는 4개의 문이 열리자 순식간에 사람들로 가득 찼다. 역시나 만원버스는 괴롭지만, 민예품 시장이 예정대로 열린다고 생각하니 마음은 기쁘게 이미 그곳을 향했다. 버스에서 내려 사람들 무리를 따라 걸으니 민예품 시장을 알리는 현수막이 걸려있었다. 입장권을 끊고 숲 속으로 들어갔다. 가장 먼저 눈에 띈 것은 나무 아래 장식된 빨간 버섯의 무리다. 반갑게 우리에게 인사하는 듯 했다.

조금 더 안으로 들어가니 나무의 소재와 크기, 엮은 방법까지 다양한 바구니가 가득 펼쳐져 있었다. 손바닥에 올려지는 작은 것부터 아이가 들어가 앉을 수 있는 커다란 바구니까지, 하나를 고르기 어려울 정도로 다양했다. 무얼 담을까를 상상하며 털실을 담을 바구니, 사과를 담을 바구니, 나무 스푼과 나이프를 위한 작은 바구니 등 몇 개의 바구니를 골랐다. 다음은 미튼. 누구의 손으로 만들어졌는지에 따라 같은 패턴으로 만들어도 각각 다른 얼굴을 하고 있다. 할머니와 손녀딸이 함께 나온 미튼 가게가 마음에 들었다. 실의 배색도 아름답고 촘촘하게 짜여 수십 곳의 미튼 속에서도 눈에 띄었다. 여행지에서 꼭 사는 것 중 하나인 나무 숟가락과 버터 나이프. 각 나라마다 형태가 다르고 가격도 크기도 부담 없어 기념으로 구입하게 된다.

작은 언덕을 오르니 도자기들이 진열되어 있고, 작은 가마와 직접 만들어 볼 수 있는 물레도 준비되어 있었다. 물건만을 판매하는 것에 그치지 않고, 라트비아의 민예품에 대한 소개도 함께 해주었다. 만들어 지는 과정을 보여줌으로 사람들의 관심과 흥미를 이끌어 내었다. 생산자와 소비자가 직접 만나니 물론 가격도 합리적이다. 시내의 기념품 가게에서 샀던 물건과의 가격 차에 안타까움이 들었다.

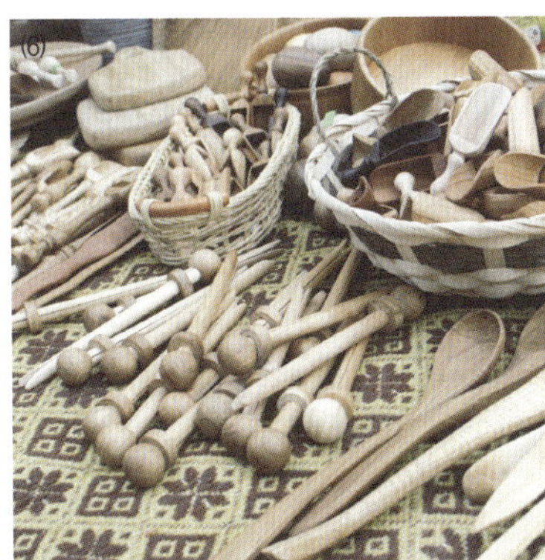

(1) 미튼을 파는 가게
(2) 가장 인기가 좋았던 자작 나무로 만든 바구니
(3) 만드는 과정을 보여주는 목공예 장인

(4) 손뜨개 인형
(5) 허브로 만든 목욕소금
(6) 나무 클립과 다양한 형태의 나무 숟가락

민예품 시장뿐 아니라 야외 민속 박물관도 둘러 보았다. 민가 앞의 나무 놀이터는 우리가 어릴 때 놀던 목마, 그네, 미끄럼틀들과 쏙 닮아 있었다. 단지 기구들이 모두 나무로 만들어 졌다는 것만 달랐다. 그네에 앉아 웃음이 한 가득 피어 있는 아이들을 구경하며 추억에 빠졌다.

Brīvdabas muzejs
Open 10-17 may-sep 10-20
Brivibas gatve 440, Riga
(+371)67994515
www.brivdabasmuzejs.lv

민예품 시장에서 구입한 물건 (1) 나무 패턴이 들어간 미튼 (2) 파란색 미튼 (3) 손 토시 (4) 나무로 만든 바늘 (5) 소녀 달걀 덮개 (6) 버섯 바구니 (7) 작은 바구니 (8) 밀봉을 위한 나무 클립 (9) 나무 보드와 버터 나이프 (10) 버터 나이프 (11) 나무 주걱

5
30035

중앙 우체국

Pasts

파스츠

구시가를 지나 운하를 건너면 신시가 지구가 나온다. 길을 건너자 다른 도시에 도착한 기분이 들었다. 우표를 사려고 우체국을 찾는데 금요일도 아닌 보통의 평일인데도 사람이 넘쳐났다. 대기 30번의 번호표를 뽑아 하염없이 기다렸다. 손글씨 편지를 쓰는 할머니들이 몇 분 눈에 띄었다. 옆에서 편지를 쓰는 할머니를 엿봤다. 무슨 내용인지 알지 못하지만, 할머니의 표정과 정성스럽게 한 자 한 자 적는 글씨를 보니 덩달아 기분이 좋아졌다. 초조했던 마음도 즐거운 기다림으로 바뀌었다.

기념으로 구입한 부엉이 우표. 리가에서 한국으로 엽서를 보낼 때 우표는 0.50Ls

Open mon-fri 9-18 sat 9-13
Brivibas bulvaris 32, Riga
(+371)67502800
www.pasts.lv

공원 안의 카페

APSARA

압사라

리가에 두 개의 지점이 있는 찻집이다. 공원 안에 있는 2층의 목조건물에 만들어졌다. 찻집답게 백여 종류의 차를 팔고 있다. 차마다 샘플이 준비되어 있어 향을 맡고 원하는 차를 고를 수 있다. 차와 어울리는 디저트도 준비되어 있다.

2층은 유럽에서는 보기 드문 좌식으로 원의 형태로 빙 둘러 바닥에 앉는 자리다. 집처럼 머리를 기대고 누워 시간을 보내는 사람들이 한없이 편안해 보였다.

Open 10-22 sat, sun 11-22
Terbatas 2, Riga
(+371)67212436

laiks

갤러리와 카페

galerija ISTABA

갈레리야 이스타바

두 사람의 아티스트가 문을 연 갤러리숍과 카페로 이스타바는 라트비아어로 '방'을 의미한다. 1층에는 일러스트 전시가 열리고 있고 책과 문구, 핸드메이드로 만든 소품이 진열되어 있다. 원래 그 자리에 있던 것처럼 자연스럽게 그림과 물건들이 놓여있어 친구의 방을 엿보는 기분이 들었다. 카페와 바로 연결되는 2층으로 올라 갔다. 2층은 'ㅁ'자처럼 가운데가 뚫려있어 작고 천장도 낮지만 답답하지 않았다. 카페의 메뉴는 단출한데 재료가 있는 내에서 원하는 음식을 만들어 주기도 한다. 카페와 갤러리, 그리고 가게의 균형이 고르게 보인다. 평범한 기념품이 아닌 이곳에서만 볼 수 있는 젊은 아티스트의 제품을 만날 수 있다.

Open shop 12-20 / cafe 12-23
Closed sunday
K.Barona iela 31a, Riga
(+371)67281141

공예와 디자인의 만남

RIIJA

리이야

라트비아의 디자인과 라이프 스타일을 엿볼 수 있는 가게로 리이야는 라트비아어로 '헛간'을 의미한다. 헛간이라고 하면 막연히 떠오르는 잿빛처럼, 리넨과 흙을 닮은 차분한 색으로 가게를 만들었다. 짙은 색의 테이블과 선반은 가지런히 진열된 물건을 더 돋보이게 했다. 장인 정신에 뿌리를 둔 공예가와 디자이너가 함께 제작한 생활용품을 팔고 있다. 가구와 조명, 도자기와 유리그릇, 라트비아의 리넨으로 만든 침구와 테이블크로스, 옷까지 곁에 두고 사용하고 싶은 물건들로 가득했다. 집에서 사용하는 물건을 고를 때면 더 신중하게 된다. 매일 곁에 두고 사용하는 물건이니 좋아하는 형태와 색은 기본이고, 오래 사용할 수 있는 물건을 선택하게 된다. 리가에서 만난 가게 중 가장 마음에 들었고, 천천히 둘러보고 싶어 세 번이나 방문했다.

Open mon-fri 10-19 sat 10-17
Closed sunday
Terbatas street 6/8, Riga
(+371)67284828
www.riija.lv

(1)

(2)
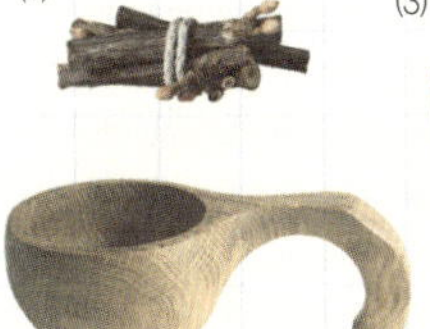

(3)

(4)
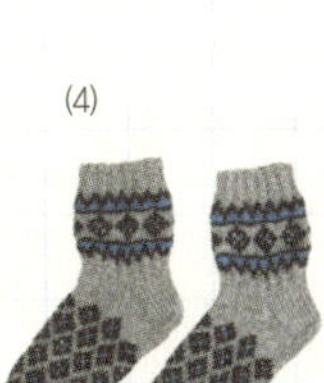

(5)
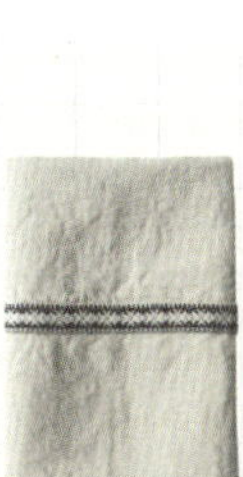

(1) 흔한 나뭇가지도 팔 수 있는 물건이라는 발상의 전환이 재밌어 구입한 나무 묶음 (2) 수프를 담으면 좋을 듯 한 나무 컵 (3) 도자기를 니트로 감싼 초 (4) 니트로 짠 겨울 양말 (5) 리넨으로 만든 테이블크로스

Riga Map

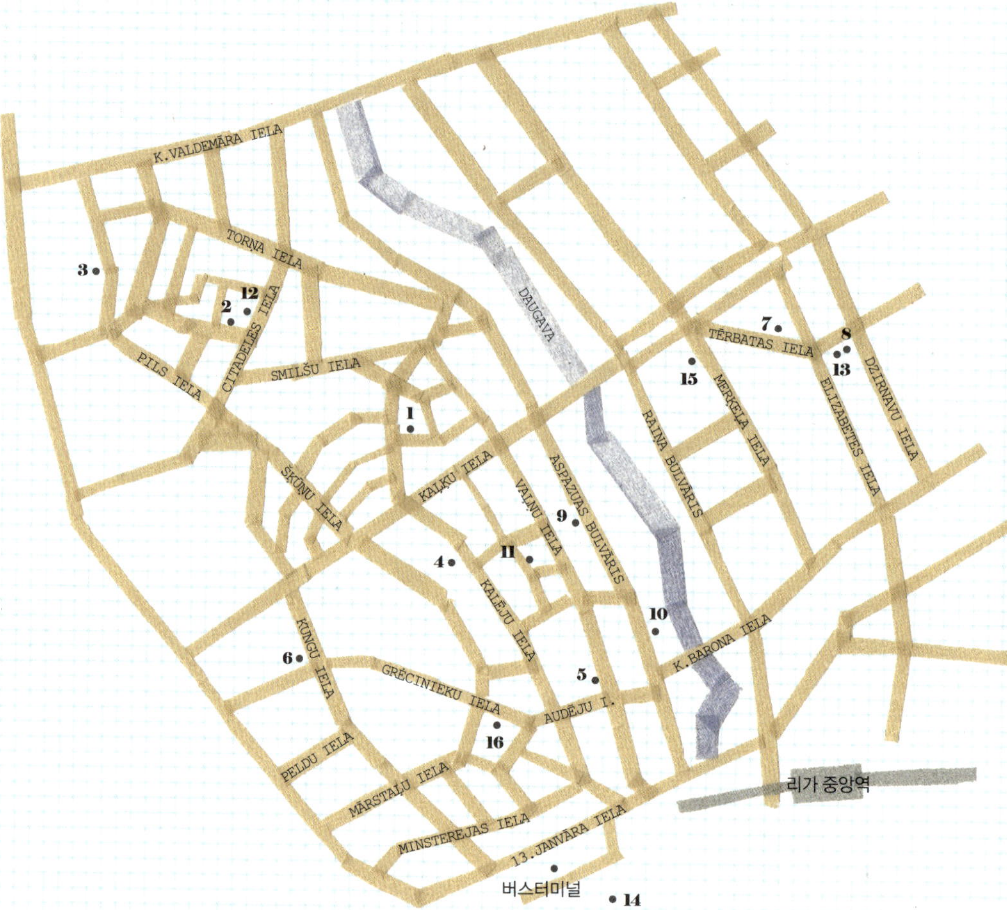

K.VALDEMĀRA IELA
TORŅA IELA
CITADELES IELA
PILS IELA
SMILŠU IELA
DAUGAVA
ŠĶŪŅU IELA
KAĻĶU IELA
VAĻŅU IELA
ASPAZIJAS BULVĀRIS
RAIŅA BULVĀRIS
TĒRBATAS IELA
MERĶEĻA IELA
ELIZABETES IELA
DZIRNAVU IELA
KALĒJU IELA
KUNGU IELA
GRĒCINIEKU IELA
AUDĒJU I.
K.BARONA IELA
PELDU IELA
MĀRSTAĻU IELA
MINSTEREJAS IELA
13.JANVĀRA IELA
버스터미널
리가 중앙역
1
2
3
4
5
6
7
8
9
10
11
12
13
14
15
16

[구시가, 박물관]

1 카츄 마야
Kaku Maja
Meistaru 19

2 트리스 브랄리
Tris Brali
Open mon 9-18, 9-17, fri 9-16
Closed sat, sunday
Maza Pils 17, 19, 21
(+371) 67220779
www.archmuseum.lv

3 공예 디자인 박물관
DMDM
Open 11-17 wed 11-19
Closed monday
K.Valdemara iela 10a, Riga
(+371) 67325051
www.lnmm.lv/lv/dmdm

4 라트비아 국립 역사 박물관
LNVM
Open 10-17
Closed monday
Pils Laukums 3, Riga
(+371) 67223004
www.history-museum.lv

[식당]

5 다다
dA-Da
Open 10-22
Kaleju iela 30, Riga
(Galerija Centrs 1.st.)
(+371) 67104433

[카페]

6 피에네네
PIENENE
Open 10-21
Closed sunday
Kungu iela 7/9, Riga
(+371) 67210400
www.latviangreen.com

7 압사라
APSARA
Open 10-22 sat, sun 11-22
Terbatas 2, Riga
(+371) 67212436

8 쿠코타바
Kūkotava
Open 8-20 sat,sun 10-18
Terbatas iela 10-12, Riga
(+371) 67283808
www.kukotava.lv

[서점]

9 발테르스 운 라파
Valters un Rapa
Open 9-21 sat 10-21 sun 11-17
Aspazijas bulv. 24, Riga
(+371) 67222422
www.valtersunrapa.lv

10 루카부카
LUKABUKA
Open 11-19 sat 11-16
Closed sunday
Aspazijas bulvaris 3, Riga
(+371) 67229967
www.lukabuka.lv

[앤티크, 수공예품]

11 젤타 아벨레
Zelta ābele
Open 10-18 sat 11-17
Closed sunday
R.Vagnera iela 12, Riga
(+371) 67280136

12 하비울
Hobbywool
Open 10-19 sat 11-17 sun 11-15
Mazza Pils iela 6, Riga
(+371) 27072707
www.hobbywool.com

13 리이야
RIIJA
Open mon-fri 10-19 sat 10-17
Closed sunday
Terbatas street 6/8, Riga
(+371) 67284828
www.riija.lv

[시장, 우체국]

14 쩬트랄티르구스
Centraltirgus
Open tue-sat 7-18 sun-mon 7-17
Pragas 1, Riga
(+371) 67229985
www.centraltirgus.lv

15 파스츠
Pasts
Brivibas bulvaris 32, Riga
(+371) 67502800
www.pasts.lv

[숙소]

16 호텔 센트라
Hotel Centra
구시가 안에 있는 호텔로, 구시가와 신시가를 걸어서 이동할 수 있는 좋은 위치에 자리해 있다. 호텔 주변에는 도보 5분 거리 안에 서점과 슈퍼마켓, 쇼핑몰 등이 있어 편리하다.

Audeju iela 1 , Riga
(+371) 67226441
www.hotelcentra.lv

F.R.Kreutzwaldi tn
15m
158

Eesti

에스토니아

Eesti

◆ 에스토니아 안내

정식국명 에스토니아 공화국 Eesti Vabariik(에스티 바바리크)
면적 45,226㎢
인구 약 133만명(2013년)
수도 탈린(인구 약 41만명)
국제전화 +372
시차 7시간. 한국시간에서 7시간을 빼면 된다.
서머타임(3월 마지막 주 일요일부터 10월 마지막 주 일요일까지) 때는 6시간의 시차가 난다.
비자 관광목적의 경우는 비자 없이 6개월 내에 90일 이내로 체류가 가능하다.

◆ 통화

유로(EUR)
2011년 1월 1일부터 공식화폐가 크룬에서 유로로 바뀌었다.
유로를 환전해 가는 것이 편리하다.
환전시 은행마다 수수료의 차이가 있고 공항보다는 시내에 있는 환전소를 추천한다.

◆ 언어

공용어는 에스토니아어(Eesti keel)

안녕	**Tere**	떼레
아침인사	**Tere hommikust**	떼레 홈미구스뜨
점심인사	**Tere päevast**	떼레 빼에바스뜨
저녁인사	**Tere õhtust**	떼레 으흐뚜스뜨
안녕히 가세요	**Head aega**	헤아뜨 아에가
네/아니오	**Jaa/Ei**	야/에이
감사합니다	**Aitäh**	아이때
죄송합니다	**Vabandust**	바반두스뜨

◆ 탈린 도착

배로 도착

헬싱키와 스독홀름에서 배를 다고 탈린으로 갈 수 있다. 항구는 시내의 중심에서는 북동쪽으로 1km 정도 떨어져 있는 사다마의 끝 쪽에 위치해 있다.

탈린항 대부분의 배가 들어오는 항구로 A, B, D 3개의 터미널이 있다. 탈린항 A, D터미널에서는 2번 버스를 이용해 시내로 갈 수 있다. A, B터미널에서 10분, D터미널에서는 서쪽으로 20분 정도 걸으면 구시가가 나온다. 택시를 이용하면 구시가까지 약 5유로.

시민홀항 탈린항의 서쪽에 있는 시민홀항은 헬싱키의 고속선 린다 라인 익스프레스만 입항한다. 페리회사에서 운영하는 버스를 이용하면 시내로 갈 수 있다. 요금은 1유로.

탈린항	시민홀항
Reisisadam	Linnahallsadam
Open 6-18:30	Open 8-16
Samada 25	Mere pst.20
(+372)6318550	(+372)6999333
www.portoftallinn.com	www.lindaline.fi

버스로 도착

시외버스터미널은 시내의 중심에서 남동쪽으로 1.5km 정도 떨어져 있다. 시내로 들어가려면 트램 또는 버스를 타고 이동해야 된다. 티켓은 터미널 안에 있는 키오스크(0.96유로) 또는 운전사(1.60유로)에게 구입할 수 있다.

트램 트램은 정면출구로 나와 길을 건너 2, 4번을 타면 구시가로 갈 수 있다.

버스 버스는 버스터미널에서 출발하는 17A 또는 23A를 타면 구시가로 갈 수 있다.

비행기로 도착

탈린 공항은 시내에서 남동쪽으로 3km 떨어진 곳에 위치해 있다. 티켓은 공항의 키오스크에서 구입하면 1회권(0.96유로), 운전사에게 구입하면 1회권(1.60유로). 1시간에 2~3편이 운행된다.

버스 공항을 나와 오른편에 있는 버스정류장에서 2번 버스를 타면 시내까지 들어갈 수 있다.

택시 구시가까지 택시 요금은 약 10유로.

버스터미널	탈린 공항
Bussijaam	Lennart Meri Tallinna lennujaam
Open 6-24	Open 24h
Lastekodu 46	Lennujaama tee 12
(+372)6800900	(+372)6058888
www.bussireisid.ee	www.tallinn-airport.ee

Tallinn

마지막 도시, 탈린

리가에서 버스를 타고 4시간 반 정도 달려 에스토니아의 수도 탈린에 도착했다. 버스터미널은 시내의 중심에서 1.5km 정도 떨어져 있다. 몇 발자국만 걸어도 팔이 아파오는 가방을 끌고 걷기에는 무리라 시내로 들어가는 트램에 올랐다. 신시가를 지나자 길 건너로 구시가를 알리는 비루 문이 보였다. 구시가로 통하는 비루 문에 들어서면 울퉁불퉁한 돌길이 펼쳐져 있고 골목에는 크고 작은 가게들이 밀집되어 있다. 구시가 전체가 유네스코 세계유산에 등록되어 있고 유럽의 도시 중에서 중세의 분위기가 가장 잘 보존되어 있는 곳이다. 탈린에 오니 발트의 다른 도시에서는 한 번도 마주치지 못했던 우리나라 관광객들도 가끔씩 보여 반가웠다.

탈린은 11세기 덴마크인에 의해 도시가 만들어져 '덴마크인의 도시' 라는 뜻을 가지고 있다. 핀란드 항의 남쪽에 위치한 탈린은 헬싱키에서 고속선을 타고 1시간 반 정도면 도착한다. 발트 3국 중 북유럽과 가장 가까워 관광객이 많은 도시다. 핀란드 사람들은 주말을 이용해 물가와 세금이 좀 더 싼 탈린을 자주 방문한다.

탈린 관광안내소

Open 5.jan-14.jun 9-19 sat-sun 9-17
15.jun-31.aug 9-20 sat-sun 9-18
1.sep-30.apr 9-18 sat-sun 9-15
Niguliste 2/ Kullassepa 4, 10146 Tallinn
(+372) 6457777
www.tourism.tallinn.ee

탈린 지도

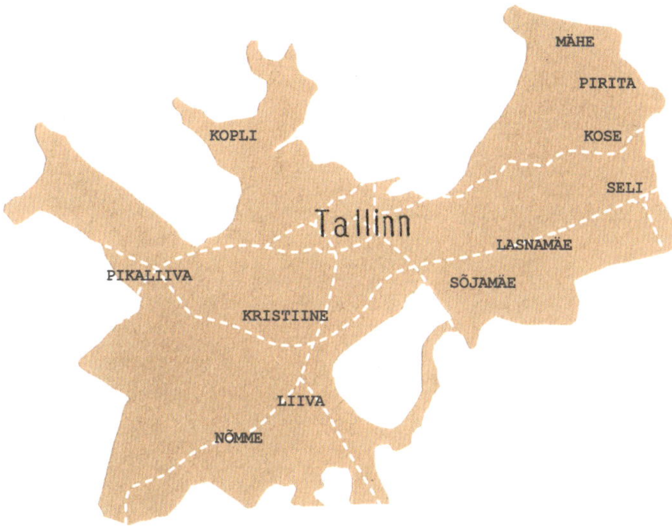

시내교통

버스, 트롤리버스, 트램이 오전 6시부터 밤 11시(일부 노선은 12시)까지 운행되고 있다. 티켓은 시내의 키오스크, 우체국 또는 차내에서 운전사에게 직접 구입할 수 있다. 종이 티켓과 전자 티켓이 공동으로 사용된다. 승차 후 차내에 있는 기계에 티켓을 넣었다 빼면 구멍이 뚫린다.
탈린 시내교통 soiduplaan.tallinn.ee

종이 티켓 1회권(1유로)과 10회권(8유로), 1일권(4유로) 등이 있다.
운전사로부터 직접 구입하면 1회권(1.60유로)의 가격이 더 비싸다.
전자 티켓 1시간권(1.10유로), 1일권(3유로) 등이 있다.

Buss 버스 60개 정도 노선의 버스가 운행되고 있다. 비루 케스쿠스(Viru Keskus) 지하에 있는 버스터미널에서 출발한다.
Troll 트롤리버스 1번에서 9번까지 8번을 제외한 8개의 노선이 운행되고 있다.
Tramm 트램 1번에서 4번까지 4개의 노선이 있다. 탈린항과 탈린역은 1번과 2번, 버스터미널은 2번과 4번이 운행되고 있다.
Takso 택시 택시회사에 따라 요금이 조금씩 다르다. 콜택시를 이용하는 것이 편리하다.
기본요금은 2.50~4유로, 1km에 0.50~1유로.

수공예품숍

Häa Eesti Asi

해애 에스티 아시

비루 문을 통과해 구시가로 들어가 가장 먼저 마주친 곳은 에스토니아에서 만든 식품과 수공예품을 테마로 한 '에스토니아의 좋은 것'이란 이름의 기념품점이다. 문을 열고 들어가니 전통 빵과 베리잼을 시식할 수 있는 코너가 시선을 끌었다. 에스토니아에서 나는 재료로 만든 잼과 꿀, 머스터드가 진열되어 있고, 와인과 치즈, 말린 과일, 초콜릿까지 작은 슈퍼마켓이 연상됐다. 식품코너를 지나자 목공예로 만든 컵과 그릇, 다양한 크기의 트레이가 놓여 있다. 작가의 공방에서 찾아 낸 수공예품, 전통 패턴으로 만든 니트와 미튼, 펠트로 만든 모자와 신발까지 한 곳에 모여 있어서 기념품을 고르기에 안성맞춤이다.

(1)

(2)

(1) 손바닥에 올려지는 작은 크기의 양 장식품 (2) 나무와 털로 만든 양으로 실제로 앉을 수 있는 크기다. (3) 펠트로 감싼 비누 (4) 시장에서 딸기를 담아 파는 가벼운 바구니

Open 10-20
Viru 23, Tallinn
(+372)56986384
ja-jp.facebook.com/heaeestiasi

(3)

(4)

수공예품숍

Eesti Käsitöö Maja

에스티 캐시퇴에 마야

창가에 놓인 양이 눈에 들어왔다. 나무로 몸의 형태를 만들고 울로 털을 표현해 넓은 등은 의자로 사용해도 좋을 것 같다. 자세히 보고 싶어 가게 문을 열었다. 에스토니아의 수공예 협회에서 운영하는 가게로 전통적인 수공예품을 찾는다면 이 가게를 추천한다. 나무와 펠트, 울로 만든 다양한 종류의 수공예품이 진열되어 있다. 계단을 따라 지하로 내려가면 작가들이 만든 니트를 판매한다. 수공예품의 가격도 다른 가게와 비교하면 조금 싼 편이다.

(1) 펠트로 만든 모자
(2) 나무로 만든 커트러리와 컵
(3) 미튼과 양말을 만들 수 있는 실
(4) 핸드메이드로 만든 뜨개 인형

Open mon-sat 10-18 sun 10-17
Pikk 22, Tallinn
(+372) 6314076
www.crafts.ee

목공예품숍

JARDIN KÄSITÖÖ

야르딘 캐시퇴에

에스토니아의 수공예를 떠올리면 리넨만큼 유명한 것이 목공예품이다. 나무로 만든 숟가락이 주는 따뜻한 질감이 좋아 수프를 먹거나 빵에 잼을 바를 때 나무 숟가락을 사용한다. 이미 여러 개를 가지고 있지만 다른 여행지에 가면 또다시 나무 숟가락을 찾아보게 된다. 노송나무로 만든 그릇과 커트러리를 찾는다면 이곳을 추천한다. 크기와 쓰임새 별로 수십 가지 이상의 커트러리를 팔고 있다. 앞 쪽에 샘플을 붙여 놓고 서랍으로 열고 닫게 진열해 놓아 원하는 물건을 찾기 편했고, 가격도 구시가의 가게 중 가장 저렴했다. 또 하나 마음에 든 것은 자작나무 껍질로 만든 바구니이다. 손바닥에 올릴 수 있는 작은 크기부터 털실을 담기에도 넉넉한 다양한 크기의 바구니가 진열되어 있다. 그 외에도 리넨, 유리, 금속, 도자기로 만든 에스토니아를 대표하는 수공예품을 팔고 있다.

(1)

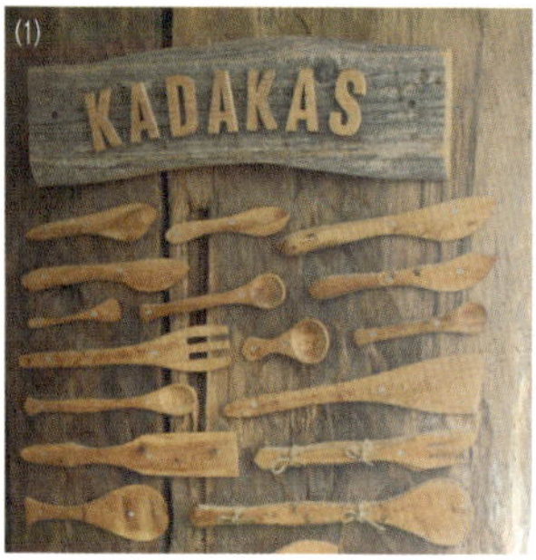

(2)

(3)

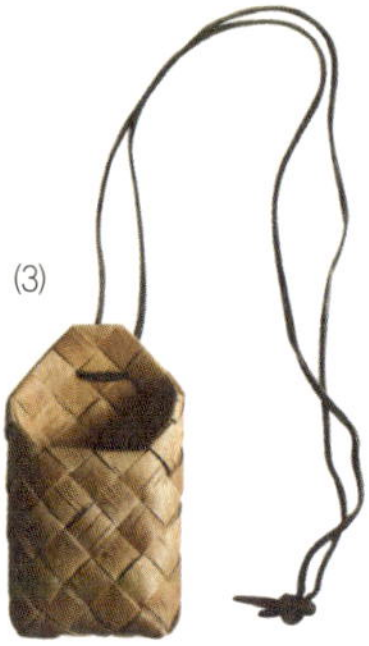

(1) 입구에 진열된 나무로 만든 커트러리
(2) 버터 나이프와 머스터드나 잼을 뜰 때 사용하면 좋은 크기의 스푼
(3) 자작나무 바구니로 가죽 끈이 달려 있어 목에 걸거나 장식할 수 있다.

Open 10-20 sep-apr 10-18
Apteegi 3, Tallinn
(+372)6314625

장난감 가게

NUKUPOOD

누쿠포오드

피에로가 그려진 누쿠포오드는 몇 사람이 들어서면 꽉 차는 아주 작은 장난감 가게다. 들어간 사람을 기다리는 시간이 지루하지 않을 정도로 창문을 통해 본 가게는 알록달록했다. 꼬마 손님뿐 아니라 어른들도 좋아할 만한 작지만 정교한 장난감이 가득하다. 자연 소재인 나무와 울, 점토로 양, 말, 고양이 등 동물을 모티브로 만든 핸드메이드 장난감과 잡화를 팔고 있다.

Open 10-18 sun 11-15
Raekoja plats 18, Tallinn
(+372) 6443058
www.nukupood.ee

에스토니아의 리넨 브랜드

ZIZI

지지

리투아니아는 고품질의 리넨을 생산하는 일에 힘을 쏟고, 에스토니아는 디자인을 더한 오리지널 제품을 만드는 브랜드가 많다. 지지는 1996년 설립된 에스토니아의 섬유 브랜드로 과일과 식물을 모티브로 한 오리지널 리넨을 만든다. 천연소재인 리넨과 울을 혼합한 리넨만을 사용해 에스토니아에서 직접 제작한다.
구시가에 두 곳의 지점이 있는데 팔고 있는 제품의 디자인이 조금씩 달랐다. 차분한 색에 활기 있는 디자인이 더해져 북유럽의 과감한 색, 패턴과는 또 다른 느낌을 준다. 오리지널 리넨으로 만든 침구, 키친용품, 타월까지 매일 가까이 두고 사용하는 제품을 갖추고 있다.

꽃을 단순한 형태로 디자인해
만든 키친 크로스

Open 10-18 sun 10-16
Suur-karja2, Tallinn
(+372)6441155
www.zizi.ee

VeTa

베타

지지처럼 구시가에 몇 곳의 지점을 둔 베타는 천연 소재로 옷을 만드는 에스토니아의 브랜드이다. 매년 두 번의 컬렉션을 개최하고 다른 나라에도 브랜드 숍을 열었다. 2000년 설립되어 캐주얼한 옷과 니트를 만들고, 옷뿐 아니라 모자와 미튼, 스카프 등을 함께 제작한다. 숍에서는 다양한 색의 리넨으로 제작한 키친매트와 미터 단위로 리넨도 팔고 있었다.

Open 10-19
Pikk 6, Tallinn
(+372)6644456
www.veta.ee

Rahva Raamat

라흐바 라아마트

Open 9-21
Viru väljak 4/6, Tallinn
(+372) 6266592
www.rahvaraamat.ee

구시가를 돌아보고 해가 질 때 즈음 매일 들렀던 서점이 있다. 구시가의 비루 문을 나와 길을 하나 건너면 높은 빌딩과 호텔이 들어선 신시가가 나오는데 그곳에 있는 비루 케스쿠스 Viru Keskus란 쇼핑몰 3층에 위치해 있다. 카운터 위로 돌아가는 물고기 모양의 장식품에 눈길이 갔고, 바닥에 놓인 낡은 타자기도 마음에 들었다. 책의 진열도 잘 되어 있어 원하는 책을 찾아보기도 편리했다. 서점의 중앙과 구석구석에 의자와 테이블이 놓여 있어 편하게 앉아서 책을 볼 수 있는 것도 이곳을 자주 찾게 만든 이유다.

글은 이해하지 못하지만 종이 느낌, 사용하는 색과 글자들, 사진을 보는 즐거움에 낯선 도시에서도 책을 사게 된다. 한 편에는 노트와 필기구 등 간단한 문구도 함께 팔고 있다.

헌책방

Raamatukoi Antikvariaat

라아마투코이 안티크바리아아트

구시가의 골목에는 작은 가게들이 많다. 창가에 붙어 있는 우체국 마크와 엽서, 우표라고 써진 글을 보고 안으로 들어갔다. 레코드를 열심히 고르는 아저씨, 중앙에 놓인 소파에 앉아 혼자 놀고 있는 꼬마까지 동네의 사랑방처럼 친근한 분위기가 느껴졌다. 그림책을 시작으로 레코드판과 우표, 배지, 동전, 장난감 등의 수집품까지 벼룩시장에 온 것처럼 다양한 물건들이 진열되어 있었다.
그림책 뒤의 가격표에는 유로가 아닌 크룬화로 써진 책도 간혹 눈에 띄었다. 오래도록 새로운 주인을 기다린 책들에 시간이 고스란히 담겨 있는 듯 했다.

(1) 알파벳 순으로 진열되어 있어 찾아보기 쉬운 레코드판
(2) 낡았지만 정겨운 스티커와 문구 패키지

Open mon-fri 10-18 sat 10-17
Voorimehe tn 9, Tallinn
(+372)6837713

Raamatukoi

라아마투코이

Open mon-fri 10-19 sat 10-17
Harju tn 1, Tallinn
(+372)6837710
www.raamatukoi.ee

골목에 있는 작은 헌책방과 함께 운영되는 다른 지점을 찾았다. 라아마투코이는 구시가의 안내센터 맞은편에 있는 헌책방으로 제법 규모가 컸다. 테이블과 책장에는 도서관처럼 빼곡하게 책이 진열되어 있었다. 가장 먼저 눈길이 간 것은 입구 쪽의 엽서. 수십 년 전에 만든 사진과 그림엽서를 묶어서 판매하는 진열대였다. 수십 년 전에 만든 엽서를 누군가는 보관하고 있었고, 다시 팔린다고 생각하니 더 가치가 있다는 생각이 들었다. 한참을 보고나서 그림책 쪽으로 시선을 돌렸다. 러시아와 동유럽에서 만든 그림책과 시리즈로 만들어졌던 일간지와 월간지 등 다양한 책이 눈에 들어 왔다.

(1)

(2)

(3)

(4)

(5)

(6)

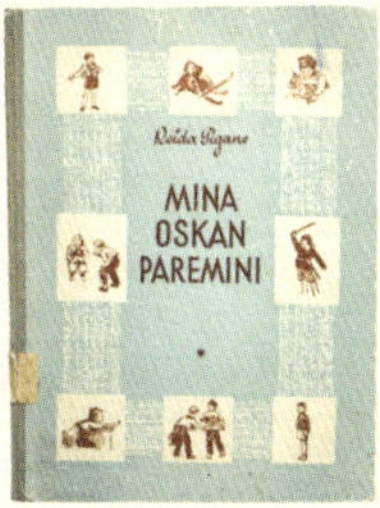

(7)

(8)

(9)

(1) 포스터가 마음에 들어 구입한 음반 (2) 직물작가 아누 라우드의 뜨개질 인형 책 〈KIRI KARI〉 (3) 가정식 레서피가 소개된 요리책 〈Meie kula eided peavad pidu〉 (4) 러시아어로 녹음된 동화 레코드판 (5) 1980년 탈린 올림픽 배지와 플라스틱 배지 (6) 에스토니아 그림책 〈mina oskan paremini〉 (7) 1976년에 만들어진 버섯 사진 엽서세트 〈seened〉 (8) 러시아의 국민 캐릭터라고 불리는 체브라시카 그림책 (9) 3가지 단편 그림책 〈KOKKU KOLM JUTTU〉

시의회약국

Raeapteek

라에아프떼엑

1442라는 숫자와 함께 약국을 상징하는 뱀이 그려진 간판이 눈길을 끌었다. 계단을 올라 약국에 들어서니 작은 박물관처럼 느껴졌다. 1442년 문을 열어 10대째 이어 내려온 유럽에서 가장 오래된 약국 중 한 곳이다. 사람들도 약을 사기보다는 이 공간을 구경하러 온 것처럼 보였다. 진한 하늘빛의 커다란 약병이 먼저 눈에 들어 왔고 천장과 벽에는 말린 들꽃과 약초가 장식되어 있었다. 진열장에는 예전에 사용했던 도구와 책, 약이 담긴 캔이 보관되어 있었고 가구의 서랍을 열자 옛날 약국에서 사용했던 처방서와 설명서 등의 종이가 포개져 있었다. 활판으로 찍고 바랜 색이 마음에 들었는데 무료라는 말에 기념으로 챙겨왔다. 백오십 년이 넘는 세월이 차곡차곡 쌓여있어 탈린을 방문하는 사람들이 꼭 들르는 약국이다.

Open 10-18
Closed mon, Sunday
Raekoja plats 11, Tallinn
(+372)6314860
www.raeapteek.ee

Kuldse Notsu Kõrts

쿨드세 놋추 크르츠

구시가의 식당은 따뜻하고 맑은 날에는 테라스 자리에 사람들로 북적거린다. 꽃이 담긴 분홍색 돼지 화분이 창가 앞에 쪼르륵 놓여 있어 눈길을 끄는 식당으로 들어갔다. 할머니가 엄마에게, 또 딸에게 이어내려 온 조리법으로 만드는 에스토니아 전통 식당으로 돼지고기를 테마로 한다. 돼지고기의 여러 부위를 전통 조리법으로 만들어 내 현지인은 물론 관광객에게도 인기가 높다. 넓은 실내는 수레바퀴로 만든 조명과 낡았지만 잘 보존된 소품들이 장식되어 있다.

(1)

(2)

(3)

(1) 직접 제작한 컵에 나오는 차
(2) 닭가슴살과 감자가 함께 나온 메인요리
(3) 요리를 주문하면 함께 나오는 오리지널 빵이 유명하다. 베이컨이 들어있는 빵에 버터가 곁들여져 나무 도마에 나온다.

Open 12-23
Dunkri 8, Tallinn
(+372) 6286567
www.facebook.com/KuldneNotsu

탈린의 중세 식당

Olde hansa

올데 한자

비루 문을 지나 구시가로 걸어 들어가면 탈린에서 사람들이 가장 많이 모여 있는 라에코야 광장이 나온다. 가게도 식당도 거리도 가득 찬 사람들로 기분 좋은 활기가 넘쳤다. 걷다 보니 중세시대 복장을 입고 사람들의 시선을 끄는 식당이 있었다.
안으로 들어가자 실내의 조명이라고는 테이블에 놓인 촛불이 유일해 어두컴컴했다. 중세를 테마로 한 레스토랑으로 요리의 재료와 레서피, 일하는 사람들의 복장도 그 시대를 재현했다. 야외 테라스에 자리를 잡고 버섯 수프와 닭 요리를 주문했다. 투박하고 두툼한 그릇에 음식이 담겨져 나왔다. 식당을 나오면 바로 옆에 함께 운영하는 기념품 가게가 있다. 역시나 어두운 실내에 음식에 들어가는 향신료와 그릇, 중세의 신발과 옷, 핸드메이드 초 등 다양한 물건이 진열되어 있었다. 엽서와 직접 제작한 우표도 기념품으로 팔고 있다.
구시가를 걷다 보면 사람들 손에 하나씩 들려있는 고깔 모양의 종이가 눈에 띈다. 그 안에는 구시가의 명물이라고 불리는 아몬드가 담겨 있다. 올데 한자 앞, 작은 수레의 달콤한 냄새가 사람들을 불러 모았다. 중세시대 복장을 한 사람이 옛날 방식 그대로 아몬드와 흑설탕을 함께 볶고 있었다. 커다란 나무 주걱으로 건네주는 아몬드를 시식하면, 한 봉지를 사지 않을 수 없다.

구시가의 명물이라고 불리는 아몬드.
설탕과 함께 커다란 냄비에 넣고 설탕이 결정으로 변할 때까지 볶아 내면 완성된다.

(1)

(1) 아몬드 치킨(mandlikana) : 훈제한 닭다리에 달콤한 아몬드 소스를 끼얹은 요리다. 보리밥과 올리브, 콩과 감자를 으깨 소를 넣은 파이가 함께 곁들여 진다.
(2) 버섯수프(seenek) : 버섯 향이 가득하고 맛도 진하다. 빵과 함께 나와 간단히 식사로도 좋다.

(2)

Open 10-24
Vana trug 1, Tallinn
(+372) 6279020
www.oldehansa.ee

도자기 공방과 카페

Bogapott

보가포트

구시가의 꼭대기에 있는 톰페아 성에 오르면 탈린 시내가 한눈에 들어온다. 톰페아로 가는 내내 오르막길이 계속 이어져 쉬고 싶은 마음이 들 때 즈음, 언덕에 자리한 도자기 푯말과 마주쳤다. 도예가 게오르그Georg 씨와 부인 아이리케Airike 씨가 1992년 문을 연 공방이다. 공방과 작품을 판매하는 가게, 그리고 직접 만든 그릇에 음식과 차를 담아내는 카페가 함께 있다. 이들의 작품은 보가포트에서만 볼 수 있다. 네모난 정원에 마련된 테라스 자리에 앉아 차와 디저트를 주문했다. 작은 카페지만 케이크도 맛있고 점심으로 든든한 샌드위치도 인기메뉴다.

차와 케이크는 직접 만든 컵과 접시에 담아 나온다.

(1) 테라스의 카페 자리
(2) 막 잠에서 깨어난 공방에서 키우는 고양이
(3) 둥근 형태의 작은 고양이 두 마리와 천사 도자기
(4) 공방에서 도자기를 만들고 있는 도예가 게오르그 씨

Open mon-sat 10-18 sun 10-17
Pikk-jalg 9, Tallinn
(+372) 6313181
www.bogapott.ee

북유럽이 담긴 식당

SfääR RESTO&STORE

스패애르 레스토&스토어

자전거 포스터가 붙어 있는 숍은 외관부터 마음을 끌었다. 숙소로 들어가는 길목에 있어 매일 지나쳤지만 늦은 시간이라 언제나 문이 닫혀 있었다.

탈린을 떠나는 날, 마지막 점심을 먹기 위해 문 여는 시간에 맞춰 갔다. 북유럽의 느낌이 담긴 식당과 셀렉트 숍을 함께 운영하는데 높은 천장과 흰 벽, 한 쪽 창으로 가득 들어온 빛까지 전부 마음에 들었다. 창가에는 화분이 놓여있고, 클래식한 북유럽 조명과 가구가 과하지 않으면서 좋은 조화를 이뤘다. 먼저 주문한 차가 나왔다. 포트에 우려 나오진 않았지만, 뜨거운 물을 담은 스텔톤 저그와 컵을 함께 내주었다. 주문한 음식도 계절 재료로 만들어 신선하고 담백해 식사하는 내내 만족스러웠다.

셀렉트 숍에는 자전거에 필요한 소품과 유럽과 일본 브랜드의 옷과 가방, 신발 등의 잡화를 팔고 있다.

(1)

(2)

(3)

(4)

(1) 이딸라 컵에 나온 마리아쥬 차
(2) 나무판으로 만든 메뉴판
(3) 메인요리로 주문한 안심스테이크
(4) 에스토니아의 전통 바구니에 담겨 나온 빵

Open 11.30-23 fri-sat 11.30-25 / shop 12-19 sat-sun 12-17
Mere pst. 6E, Tallinn
(+372)56992200
www.sfaar.ee

푸른 하늘 아래의 시장

JAAMA TURG

야아마 뚜르그

트램을 타고 종착역에서 내려 구시가와 좀 떨어진 위치에 있는 시장을 찾았다. 탈린역 뒤에 있는 중앙시장으로 낡고 바랜 간판이 붙어 있었다. 우리나라의 재래시장처럼 장을 보는 사람들은 대부분 아주머니들이었다. 채소, 과일을 파는 가게들이 줄지어 있고 키오스크처럼 물건이 하나씩 진열된 식료품점과 잡화점이 많았다. 창 앞에 진열된 물건들은 빛이 바래선지 벼룩시장에서 파는 골동품처럼 보였고, 마지막 하나만 남은 제품도 더러 있었다. 더 안쪽으로 들어가면 옷과 그릇 등의 중고품을 파는 곳들이 모여 있다. 다른 도시의 시장과 비교하면 규모도 작고 조용한 편이다.

Open 9-18 / sat-sun 9-17
Kopli 6, Tallinn

VIRU TURG

비루 뚜르그

구시가의 비루 문으로 들어가기 전, 시장을 알리는 현수막이 걸려있다. 관광객들을 위한 작은 시장으로 에스토니아를 대표하는 수공예품을 판다. 스웨터와 미튼, 양말, 모자 등의 니트와 기념품으로 좋은 열쇠고리, 작은 장식품을 팔고 있다. 솜씨 좋은 아주머니들이 물건을 팔면서 뜨개질을 하는 모습이 종종 보였는데 모두 상냥하고 친절했다.

Open 9-17
Mere puiestee 1A, Tallinn

(1)

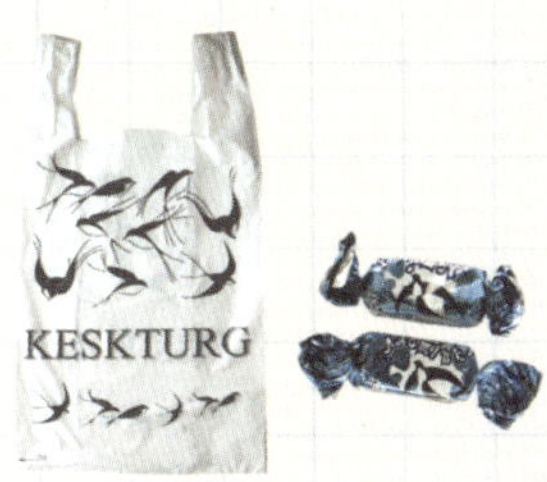

(2)

(3)

(1) 비루 시장에서 구입한 어린이용 미튼
(2) 중앙 시장의 로고가 그려진 비닐봉투, 그램으로 파는 사탕
(3) 중앙 시장에서 구입한 코코아

에스토니아 야외 박물관

Eesti Vabaôhumuuseum

에스티 바바으후무우제움

탈린 기차역 앞의 정류장에서 버스를 타고 20분 정도 달려 록카 알 마레 rocca al mare 지구가 있는 서쪽으로 향했다. 이탈리아어로 '해변의 돌' 이란 의미를 가진 마을로 숲과 바다에 둘러싸인 야외박물관을 찾았다. 넓은 부지에 17세기부터 20세기 초기의 에스토니아 각지의 목조건축을 그대로 재현했다. 목조건축물 안에는 사람이 사는 모습이 그대로 재현되어 있는데 그 시대의 사람들처럼 전통의상을 입고 집 안과 주변을 단장하는 일도 직접하고 있다. 또 하나의 즐거움은 집과 어울려있는 가게를 구경하는 것이다. 마을처럼 만들어진 박물관에는 수공예품점, 잡화점, 식품점이 함께 있다. 간판과 실내의 풍경, 팔고 있는 물건의 포장지까지 그 시절을 떠올리게 했다. 6월부터 시작되는 여름 시즌의 주말에는 에스토니아 각지의 전통의상을 입고 포크댄스가 펼쳐진다.

박물관 안의 잡화점은 그 시대 그대로의 물건을 전시 판매하고 있다.
물건의 패키지는 물론, 무게를 잴 때도 옛날 저울을 이용한다.

탈린 기차역 앞의 버스정류장에서 21, 21B번 버스를 타고 종착역 에스티 바바으후무우제움에서 하차 (배차간격은 1시간에 1~2대)

Open 10-20 / oct-apr 10-17
Vabaôhumuuseumi tee 12, Tallinn
(+372) 6549100
www.evm.ee

탈린 동물원

Tallinna Loomaaed

탈리나 로마아에드

야외 박물관을 나와 구시가로 돌아가는 버스를 타고 10분 정도 지났을까, 멀리서 동물원을 알리는 간판이 보였다. 여행지에서 동물원에 가고 싶다는 생각은 가끔 했지만 언제나 생각으로만 그쳤다. 간판을 보고 운명처럼 이끌려 버스에서 내렸다. 몇 년만의 동물원인지 떠오르지 않았다. 자판기에서 동물원 입장권을 끊고 두근거리며 들어갔다.

소풍을 나온 가족들도 많았고, 자연학습을 나온 학생들도 눈에 띄었다. 좀 더 가까이서 친근하게 동물을 볼 수 있어서 좋았다. 동물원은 찾은 이유는 곰을 보기 위함이었다. 그런데 지도에 나와 있는 방향을 착각해선지 몇 번이나 같은 곳을 돌았지만 결국 곰은 보지 못했다. 발걸음은 무거웠지만 드넓은 부지에 동물들의 집이 그들을 배려한 공간으로 만들어져 있어 안심이 돼 마음은 가벼웠다.

(1)

(2)

(3)

(1) 동물원 입구에서 빌려 주는 이동카 (2) 그림으로 된 동물원의 픽토그램
(3) 동물 형태의 조형물이 곳곳에 놓여있다.

Open may-aug 9-21
mar-apr sep-oct 9-19
nov-feb 9-17
Paldiski mnt. 145, Tallinn
(+372)6943300
www.tallinnzoo.ee

Tallinn Map

RANNAMÄE TEE
SUURTÜKI
LABORATOORIUMI
15
TOLLI
PIKK
13
탈린 기차역
AIDA
LAI
OLEVIMÄGI
SUUR-KLOOSTRI
NUNNE
2
VENE
UUS
PIKK
PÜHAVAIMU
PIKK
7
5
3
8
Raekoja
plats
4
KOHTU
PIKK JALG
PATASKAEVU
10
DUNKRI
RAEKOJA
11
1
14
MÜÜRIVAHE
VIRU
TOOM-KOOLI
PIISKOPI
NIGULISTE
6
9
12
HARJU
VÄIKE-KARJA
SUUR-KARJA
RÜÜTLI

[수공예품숍]

1 해애 에스티 아시
Hää Eesti Asi
Open 10-20
Viru 23, Tallinn
(+372) 56986384
ja-jp.facebook.com/heaeestiasi

2 에스티 캐시퇴에 마야
Eesti Käsitöö Maja
Open mon-sat 10-18 sun 10-17
Pikk 22, Tallinn
(+372) 6314076
www.crafts.ee

3 야르딘 캐시퇴에
JARDIN KÄSITÖÖ
Open 10-20 sep-apr 10-18
Apteegi 3, Tallinn
(+372) 6314625

4 누쿠포오드
NUKUPOOD
Open 10-18 sun 11-15
Raekoja plats 18, Tallinn
(+372) 6443058
www.nukupood.ee

[약국]

5 라에아프떼엑
Raeapteek
Open 10-18
Closed mon, sunday
Raekoja plats 11, Tallinn
(+372) 6314860
www.raeapteek.ee

[리넨숍]

6 지지
ZIZI
Open 10-18 sun 10-16
Suur-karja2, Tallinn
(+372) 6441155
www.zizihome.eu

7 베타
VeTa
Open 10-19
Pikk 6, Tallinn
(+372) 6644456
www.veta.ee

[서점]

8 라아마투코이 안티크바리아아트
Raamatukoi Antikvariaat
Open mon-fri 10-18 sat 10-17
Voorimehe tn 9, Tallinn
(+372) 6837713

9 라아마투코이
Raamatukoi
Open mon-fri 10-19 sat 10-17
Harju tn 1, Tallinn
(+372) 6837710
www.raamatukoi.ee

[식당과 카페]

10 쿨드세 놋추 크르츠
Kuldse Notsu Kõrts
Open 12-23
Dunkri 8, Tallinn
(+372) 6286567
www.facebook.com/KuldneNotsu

11 올데 한자
Olde hansa
Open 10-24
Vana trug 1
(+372) 6279020
www.oldehansa.ee

12 보가포트
Bogapott
Open mon-sat 10-18 sun 10-17
Pikk-jalg 9, Tallinn
(+372) 6313181
www.bogapott.ee

[시장]

13 야아마 뚜르그
JAAMA TURG
Open 8-18 / sat-sun 8-17

14 비루 뚜르그
VIRU TURG
Open 9-17

[숙소]

15 메리톤 올드 타운
Meriton Old Town
구시가의 북쪽에 위치한 호텔로 탈린의 명소, 세자매 호텔 근처에 있다. 19세기에 지어진 건물을 개조해 만들었다. 마트로시카가 그려진 1층의 카페는 숙박객이 아니어도 이용이 가능하다.
Lai 49 10133, Tallinn
(+372) 6141300
www.meritonhotels.com

오로지 한 곳의 박물관에 가기 위한 5시간의 버스여행

빌랸디는 탈린에서 버스를 타고 2시간 정도 남쪽으로 내려가면 다다른다. 이곳에 가고 싶었던 이유는 직물 작가 아누 라우드Anu Raud의 작품이 전시되어 있는 박물관을 보기 위해서다. 아누 라우드는 에스토니아를 대표하는 직물 작가로 에스토니아 미술대학에서 교수로 재직했고 작가로도 활발히 활동하고 있다.

아침까지도 갈까 말까를 결정하지 못해 망설이고 있었다. 한 곳의 박물관을 위해 5시간의 버스여행은 좀 무리니까. 가지 않으면 분명 후회할 걸 알기에 버스터미널로 향했다. 탈린에서 빌랸디로 가는 길은 아름다운 호수를 끼고 있어 더없이 아름다웠다. 달리는 버스에서 내다보는 창 밖 풍경이 좋아 계속 바라봐도 지루하지 않았다. 한참을 달려 빌랸디에 도착했다. 버스에서 내리자 이방인을 향한 낯선 눈빛이 여기저기서 느껴졌다.

빌랸디는 조용하고 한적한 작은 마을이었다. 버스터미널을 나와 걷다보니 딸기 모양의 커다란 조형물이 눈에 띄었다. 나이브naive 미술로 유명한 빌랸디 출신의 화가, 폴 콘다스Paul Kondas의 〈딸기 먹는 사람들〉에서 영감을 받아 만들어졌다고 한다. 2006년에 빌랸디 마을의 구석구석에 일곱 개의 딸기 조형물을 설치해 딸기는 빌랸디의 상징이 됐고, 딸기와 관련된 축제도 열리고 있다.

아누 라우드(Anu Raud)

아누 라우드는 에스토니아를 대표하는 직물작가이다. 1943년 모스크바에서 태어나 에스토니아 예술 대학을 졸업 후, 작가로 활동하고 있다. 1994년부터 2001년까지 타루트 대학에서 교수로 근무했고, 2009년에 에스토니아 예술 대학의 명예교수로 추대되었다. 에스토니아는 물론 미국과 핀란드 등 여러 나라에서 개인전을 열며 활발히 활동하고 있다.

길에서 찾은 딸기 조형물

Heimtali koduloomuuseum

하임탈리 코둘로오무우제움

빌랸디 버스터미널에서 박물관이 있는 하임탈리heimtali까지는 버스를 타고 20분 정도 더 들어가야 했다. 미니버스에 오르니 함께 탄 사람은 모두 동네 주민들로 보였다. 안내방송이 나오지 않아 갑자기 불안감이 밀려왔다. 약 20분 정도 걸리는 박물관이라는 사실만 알고 있을 뿐 지도조차 가지고 있지 않았다. 시간을 확인하고 옆 사람에게 여기에서 내리니 알려 달라고 부탁했지만 돌아오는 건 희미한 미소를 머금은 표정뿐이다. 다급한 마음에 운전사에게 물었는데 역시나 모른다고 했다. 작은 버스는 꼬불꼬불한 흙 길을 달리며 안으로 계속 들어갔다. 앉지도 못하고 한참을 더 달려 멀리서 보이는 정류장 표지에 안도의 한숨을 내쉬며 버스에서 내렸다.

드디어 도착이란 안도감도 잠시, 주위를 아무리 둘러봐도 박물관은 보이지 않았다. 버스에서 함께 내린 사람들도 모두 시야에서 사라지고 아무도 없었다. 사방은 드문드문 보이는 집, 나무, 풀 위에 있는 말들뿐이었다. 두리번거리며 한참을 배회하다 어떤 사람을 만났고, 박물관을 지나쳐 와버린걸 알게 되었다. 오늘 안으로 도착만 하면 좋겠다는 마음으로 걷고 또 걸었다. 걷다 보니 조금씩 주변의 풍경이 눈에 들어왔고, 조바심도 조금씩 사라졌다.

미튼을 재활용해 만든 손뜨개 동물 인형.
학교였던 시절 사용했던 테이블과 선반에 전시 판매하고 있다.

한 시간쯤 되돌아 걸어 박물관에 도착했다. 돌고 돌아 왔던 시간이 아깝지 않을 만큼 아름다운 건물에 탄성이 나왔다. 1864년에 지은 건물로 과거에는 학교로 사용했다고 한다. 지금은 개인 박물관으로 1991년 아누 라우드의 아버지에 의해 만들어졌다.
안으로 들어가니 손님은 둘 뿐, 안내를 받으며 계단을 올랐다. 한 발 디딜 때마다 마룻바닥에서 삐그덕 소리가 났다. 교실에는 낡고 바랬지만 소중하게 다뤄진 가구들이 남아 있었다. 에스토니아의 직물 역사를 볼 수 있는 박물관으로 책장에는 직물 책과 도안집이 가득 차 있었고, 옷장에는 전통 의상이 걸려 있었다. 코바늘로 뜬 레이스와 대바늘로 뜬 미튼까지 다양한 수공예품을 볼 수 있었다.
아누 라우드의 뜨개질 작품이 있는 방으로 들어갔다. 카펫 위에는 에스토니아의 전통 패턴으로 짠 스웨터와 미튼을 재활용해 만든 동물들이 전시되어 있었다. 단순화시킨 동물의 형태에 색과 아름다운 무늬가 어우러졌다. 핸드메이드로 만든 작품들은 탈린의 구시가에서 파는 것보다 합리적인 가격으로 판매하고 있었다.

탈린에서 빌랸디로 가는 법
탈린 시외버스터미널에서 빌랸디로 가는 버스 티켓(왕복-19유로)을 구입하고, 버스 승차.
빌랸디 버스터미널 앞에서 28번 버스를 타고 라흐아메이(Rahuamej)에서 하차.

Heimtali koduloomuuseum
Open tue-sun 9-13.30 14.15-17
Closed monday
Pärsti vald, 71102 Heimtali, Viljandi maakond
(+372)4398126
www.muuseum.ee

아누 라우드의 자택과 작업실

Tööruum

퇴에루움

박물관을 다 보고 나올 때 즈음, 우연히 아누 라우드의 오빠와 마주쳤다. 작품을 보기 위해 한국에서 그리고 오늘 탈린에서 왔다고 인사를 건넸다. 그는 반가워하며 아누 라우드의 집과 작업실로 초대했다. 박물관에서 그리 멀리 않은 곳에 있는 집으로 향했다. 나무 울타리에는 양들이 뛰놀고 있고 꽃과 나무로 둘러싸인 정원에는 큰 개와 고양이가 놀고 있었다.

그녀와 가족들이 함께 생활하는 집으로 현관과 부엌을 지나 아누 라우드의 작업실 문 앞에 섰다. 크고 작은 양 모티브들, 다양한 색의 털실, 그녀가 작업 중인 작품까지 빛이 들어온 방은 반짝반짝했다. 2층으로 오르니 그녀의 제자들이 머물며 작업하는 공간이 나왔다. 대학 시절 졸업작품으로 만든 첫 번째 작품부터 얼마 전 전시를 끝낸 최근 작품까지 하나하나 꺼내 정성을 다해 설명해 주었다. 여동생을 존경하고 자랑스러워하는 그의 마음이 고스란히 전해졌다. 각각의 방들을 소개받고 거실로 내려오니, 우유와 홈메이드 단호박 푸딩이 우리를 기다리고 있었다. 갑작스러운 손님에게도 따뜻하게 대접해 주는 마음에 너무 감동했다. 단호박 푸딩에 우유를 넣어 남김없이 비웠다.

(1)

(2)

(1) 아누 라우드의 작품이 걸려 있는 거실
(2) 깨끗하게 비운 단호박 푸딩

(1)

(2)

(3)

(4)

(5)

(6)

(7)

박물관에서 구입한 기념품
(1) (4) (5) 아누 라우드의 손뜨개 동물 인형 (2) (3) 탈린보다 훨씬 저렴하게 팔고 있는 미튼
(6) 전통적인 에스토니아의 미튼이 나와 있는 도안집 〈KIRIKINDAD〉
(7) 아누 라우드의 책 〈Juturaamat〉

Travel Ticket

(1)

(2)

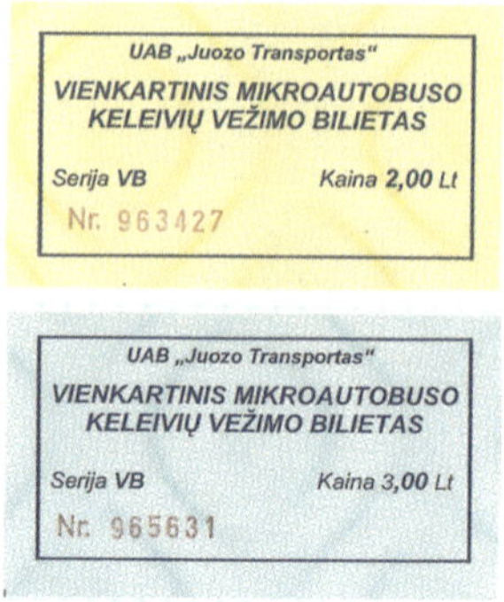

(3)

(4)

(5)

(6)

(7)

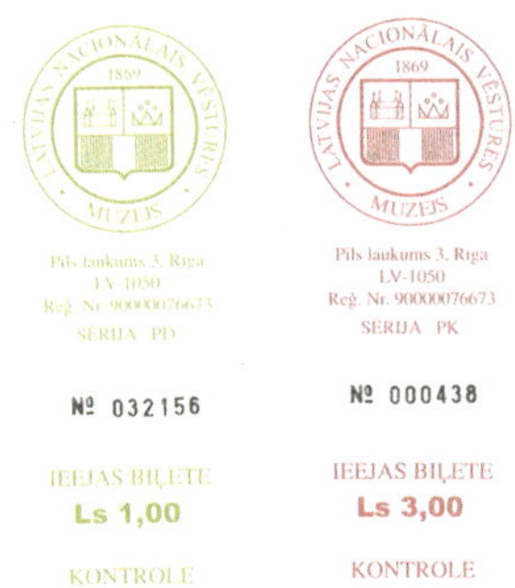

(8)

(9)

(10)

(1) 리투아니아의 카우나스, 파네베지스의 시내 교통 티켓 (2) 카우나스에서 룸시스케스로 가는 미니버스 티켓 (3) 리가의 시내 교통 카드 (4) 탈린의 시내 교통 티켓 (5) 탈린의 시의회약국에서 가져온 예전에 사용했던 종이 (6) 트라카이 성의 박물관 입장권 (7) 리가의 국립 박물관 입장권 (8) 리투아니아 민속 박물관의 입장권 (9) 에스토니아 민속 박물관 입장권 (10) 리가의 공예 박물관 입장권

여행의 끝

2008년 도쿄 책을 시작으로 느리지만 계속 책을 만들고 있습니다. 좋아하는 일을 하는 것, 그 과정의 기쁨을 조금씩 알아가는 중입니다. 나라 이름조차 낯선 리투아니아, 라트비아, 에스토니아를 여행하고 돌아와 네 번째 책을 만들었습니다.
계절이 흘러 또 여름이 시작되고 있습니다. 느리지만 여전히 손편지로 안부를 주고받는 것이 좋습니다. 그런 마음으로 여행하며 보고 느꼈던 시간을 담았습니다.
'또 책이 나왔네' 라며 반갑게 펼쳐주면 좋겠습니다.
고맙습니다.

2013년 여름, 제주에서

special thanks to

Noh Hyunsook
bonbon
Seo Jinseok
buttontea
muku
Linas
Annus Raud